당

중국의
정당제도에 대해
알고 있습니까
?

당신은
중국의
정당제도에 대해
알고 있습니까
?

초판 1쇄 인쇄 2022년 9월 20일
초판 1쇄 발행 2022년 9월 25일
옮 긴 이 리쥔루(李君如)
발 행 인 김승일(金勝一)
디 자 인 조경미
출 판 사 경지출판사
출판등록 제 2015-000026호

ISBN 979-11-90159-78-4 (03300)

판매 및 공급처 경지출판사

주소: 서울시 도봉구 도봉로117길 5-14   **Tel:** 02-2268-9410   **Fax:** 0502-989-9415
블로그: https://blog.naver.com/jojojo4

※ 이 도서의 국립중앙도서관 출판시 도서목록(CIP)은 서지정보유통지원시스템 홈페이지(http://seoji.nl.go.kr)와 국가자료공동목록시스템에서
   이용하실 수 있습니다.

당신은 중국의 정당제도에 대해 알고 있습니까?

리쥔루(李君如) 지음 · 김승일(金勝一) 옮김

경지출판사
Korea Wisdom China

新世界出版社
NEW WORLD PRESS

contents

자서

정당은 현재 세계의 보편적인 정치현상이다.

현대적 의미의 정당이 중국에서 출현.

중국공산당의 탄생과 중국국민당의 개편 및 그 반동적 흐름.

국민당 독재통치 반대와 전 민족의 항일전쟁 개시 후 발전하기 시작한 민주당파.

'민주당파' 개념의 제기.

오늘의 중국에는 공산당 외에도 8개의 민주당파가 있다.

정당제도란?

양당제·다당제가 중국에서의 숙명.

중국공산당의 다당파 연합정부에 대한 주장.

중국공산당이 영도하는 다당 협력과 정치협상제도.

중국의 정당제도는 신형의 정당제도이다.

contents

중국 특색의 민주에는 선거민주와 협상민주 두 가지 형식이 포함 된다.

정당 간의 협상이 중국 특색의 민주체계에서 갖는 지위 및 신형 정당제도에

있어서의 의의.

정당 간의 협상은 어떻게 운영되는가?

중국의 신형 정당제도는 전 민족의 엘리트 인재를 흡수·집결·양성하는 정당제도이다.

중국의 신형 정당제도는 정당이 존재한 이래 오랫동안 존재해 온 '당쟁'의 폐해를
극복했다.

중국의 신형 정당제도는 10여 억 인민을 광범위하게 단결시키는 정당 제도이다.

중국의 신형 정당제도는 민주정치의 새로운 형식으로서 준엄한 시련을 견뎌냈다.

자서

먼저 독자들에게 이 책을 쓰게 된 유래에 대해 설명하고자 한다. 이 책을 쓰게 된 계기는 다른 한 책 때문이라 해야겠다. 수년 간 해외 순방이나 국제세미나에 참석하면서 나는 외빈들을 만나는 일이 많았는데, 늘 국제사회의 관심사에 대해 질의해오는 그들에게 대답해 주어야 했다. 이런 사실을 알게 된 외국어출판사의 친구들은 나에게 그간의 강연과 담화, 질의응답들을 정리해서 책을 내게 되면 더 많은 국제사회 사람들이 중국공산당에 대해 이해하게 될 수 있지 않겠는가 하고 건의했다. 그리하여 나는 대략 10만 자 쯤 되는『당신은 중국공산당에 대해 알고 있습니까?』라고 하는 책을 쓰게 되었고, 2011년 6월 외국어출판사는 이 책을 출판했다. 후에 출판사는 시장의 피드백에 따라 이 책의 내용을 좀 더 충실히 하여 재판할 것을 건의해왔다. 그리하여 2012년 8월에 이 책은 "이것이 바로 중국공산당이다"는 제목으로 출판되었다. 그 후 6, 7년이 지나 이 책의 출판에 참여했던 친구가 신세계출판사로 자리를 옮기게 되면서 나를 만나러 왔다. 그때 이 친구는 또 이 책에 대해 말하면서 "세계가 중국공산당에 대해 이해하게 하는 일"을 계속 해나가기를 나에게 바랐다. 나는 친구의 건의가 아주 의의 있는 일이라 생각되어 그 건의를 수락했고,

거듭되는 토론을 거쳐 이 책의 제목을 "당신은 중국의 정당제도에 대해 알고 있습니까?"로 정하기로 했다.

이 제목을 선택한 원인은, 중국의 신형 정당제도는 중국 특색 사회주의 제도 체계 중의 하나의 중요한 제도인데, 국제사회는 중국공산당의 중국 특색 사회주의 제도를 구축하는 과정에서 이루어진 신형 정당제도에 대해 잘 알지 못하거나 오해를 하고 있다는 알게 되었다. 더구나 아예 알려고 하지도 않고 그냥 깎아내리려고만 하는 사람들도 있었다. 알려고도 하지 않으면서 그냥 깎아내리려는 사람들, 즉 "화강암 머리(고집불통)로 하나님을 만나러 가려고 하는 사람들"에 대해서는 아무리 말해도 소용이 없는 것이다. 하지만 그들에 의해 진실을 알지 못하는 많은 사람들에게 부정적인 영향을 미치는 것은 안 된다는 생각이 들었다. 따라서 잘 모르는 사람들에게는 알게 하고, 오해하고 있는 사람들에게는 오해를 풀게 하며, 알려고도 하지 않고 그냥 깎아내리려고만 사람들에 의해 미치는 부정적인 영향을 줄이는 것이야 말로 바로 우리들이 해야 할 일이라고 생각하게 되었던 것이다. 2017년 이웃나라에 가서 워크숍에 참가했던 일이 있었다. 여기에 모인 지도자들이 우리를 환영하는 만찬에서 상대방 지도자 중 한명이 내게 "당신은 중국공산당 중앙당교에서 왔는데, 우리도 오늘 우리 당교의 지도자들을 요청했습니다. 또한 우리 사회주의대학의 지도자도 초청했습니다. 그들은 모두 당신과 마찬가지로 간부를 교육하는 부문에서 일하고 있습니다"라고 말해주었다. 나는 감사의 뜻을 전한 뒤 "우리 중국의 사회주의대학도 간부들을 교육하고 있기도 하지만,

대부분 사람들은 중국의 민주당파 간부들입니다”고 말했다. 나는 이런 일반적인 대화에는 아무런 문제가 없다고 생각했지만, 그들이 내 말을 못 알아듣고 있다는 것을 금방 깨닫게 되었다. 그 자리에서 여러 명이 거의 이구동성으로 “민주당파가 무엇이지요?”라고 물었던 것이다. 나는 그들에게 중국에는 공산당을 제외하고도 8개의 민주당파가 있으며, 중국의 사회주의대학은 바로 민주당파의 간부를 양성하는 곳이라고 소상히 설명했다. 사람과 사람 사이의 교류는 개념을 매개로 한다. 하지만 그들에게는 ‘민주당파’라는 개념이 없었으므로 우리들의 교류는 참으로 쉽지 않았다. 귀국한 후에 나는 중앙 관계 부문의 책임자와 이 일에 대해서 매우 의미 있는 대화를 나누었다. 그들은 아메리카나 유럽처럼 멀리 있는 친구들이 아니라, 바로 우리 이웃나라의 친구들이다. 또한 기업인 혹은 경제에 관련 일을 하는 사람들이 아니라 모두 이론 관련 일을 하는 사람들이다. 그들은 우리와 교류가 없는 것이 아니라, 자주 중국을 방문했거나 혹은 교류하고 학습했던 친구들이다. 이런 친구들마저 중국의 정당제도에 대해 잘 모르고 있으니 다른 사람들은 더 말할 것도 없는 것이다.

　나는 몇 년 동안 정삐젠(郑必坚) 선생을 도와 “중국을 이해하자”라는 주제로 일련의 국제심포지엄을 개최하여 세계에 대해 “중국에 관한 이야기를 잘 하자”는 측면에서 약간의 성과를 거두었으며, 일부 체험과 경험을 쌓을 수 있었다. 일부 부문이나 지방의 지도자들을 회의에 요청하면, 그중 일부 사람들은 자신의 생생한 경력과 실천 경험을 바탕으로 발언하여 매우 큰 관심과 환영을 받았지만, 또 다른 일부 사람들은 틀에 박힌 말이 많고 감화력이 부족했으며, 자신이 한 일들을 간단명료하게 소개해지 못했다. 그리하여 이런 국제적 교류를 전개할 때면, 서방에서 온 전문가와 학자 및 기업인들 중의 일부는 비공식적인 장소에서 "우리는 중국과 중국공산당에 대해 알고 싶은데, 당신들이 먼저 중국과 중국공산당에 대해 잘 이야기해주었으면 좋겠다."고 건의해 오곤 했다. 나는 그들의 말이 정곡을 찌르는 말이라고 생각했다.

따라서 많은 사람들이 중국과 중국공산당에 대해 이해할 수 있도록 하기 위해서는 우리의 정당제도를 간결한 언어로 국제사회에 소개할 필요가 있다고 생각했다. 물론 중국의 신형 정당제도에 대해 잘 설명한다는 것은 그리 쉬운 일은 아니다. 그러므로 우선 시험적으로 소개해 보고자 펴낸 것이 바로 이 책을 출간하게 된 이유이다.

제1장

중국의 정당

제1장
중국의 정당

한 친구는 나에게 세계 각국에는 중국에 대해 전반적으로 잘 아는 사람이 많지 않고, 중국을 잘 아는 사람이라 하더라도 중국의 정당제도에 대해서는 제대로 이해하지 못한다고 말했다. 그들은 중국이 왜 다당제(多黨制)나 양당제(兩黨制)를 실시하지 않고 공산당 일당만 집권하는지 이해하지를 못했다. 더구나 미국과 유럽의 일부 사람들은 중국의 정당제도에 대해 매우 오해 오독하고 있다. 그들은 중국의 정당제도가 독재나 전제주의와 다를 바 없다고 말한다. 그러므로 나는 정당 및 중국의 정당으로부터 이야기를 전개해 독자들이 중국의 정당제도를 잘 이해할 수 있도록 하고자 한다.

정당은 현 세계에서 보편적인 정치현상이다

정당은 아주 흥미로운 정치현상이다. 정치에 관심이 있는 사람들은 세계 대다수 나라에 정당이 있다는 사실을 알고 있을 것이다. 이런 관습적인 정치현상에 대해 많은 사람들은 깊이 연구하지 않으면서도 다른 나라의 정당제가 자기네 나라와 다르다는 사실에 이해하기 어려워한다. 그리하여 중국이라는 이 동방 대국의 독특한 정당제도에 대해 궁금증 혹은 질의가 있게 되는 것이다. 따라서 중국의 정당제도를 이해하려면 "정당이 무엇인지?" "중국의 정당은 어떤 발전단계를 거쳐 설립되었는지?" "오늘날 중국에는 정당이 중국공산당 하나만 있다."것이 아니라는 것부터 알아야 한다.

오늘날 세계 200여 개 국가와 지역에는 5,000여 개의 정당이 있다는 대략적인 통계가 있다. 바티칸, 쿠웨이트, 아랍에미리트연방, 오만, 바레인, 사우디아라비아, 몰디브, 부탄 등에만 정당이 없다. 구미 일부 대국에서의 정치는 대부분 정당 싸움을 둘러싸고 벌어진다. 미국에서는 대선이 치러질 때마다 양대 정당인 공화당과 민주당의 선거상황이 언론에 오르내린다. 브렉시트를 둘러싼 영국 보수당과 노동당의 의회 내 대결도 잘 알려져 있다. 프랑스는 정당도 많고 새 정당도 자주 생겨 언론에서는 흔히 좌익, 우익, 극우익 등 정치성향으로 호칭하지만, 그들이 공화국전진당, 공화국인당, 사회당, 국민연합 등에 속해 있다는 사실도 알고 있다.

중국의 주변 국가들은 정당의 상황이 비교적 복잡하다. 많은 국가의 정당들은 때로는 통합되고 때로는 분립된다. 또한 일반인들은 많은 정당의 이름에 대해 잘 알지 못하거나 심지어 들어보지 못한 경우도 있다. 하지만 대부분의 나라에는 그래도 정당이 있다. 예를 들면 중국과 북쪽으로 국경을 맞대고 있는 몽골국의 경우, 몽골인민당, 몽골민주당, 몽골인민혁명당 등 주요 정당이 있고, 러시아에는 통합러시아당(일명 '정권당'), 러시아연방공산당, 공정러시아당, 러시아자유민주당 등 주요 정당이 있다. 중국의 동쪽에 있는 조선에는 조선노동당, 조선사회민주당, 천도교청우당이 있고, 한국에는 더불어민주당, 국민의힘, 국민의당, 정의당, 열린민주당 등의 주요 정당이 있다. 일본에는 자유민주당, 국민민주당, 사회민주당, 일본공산당, 공명당 등 주요 정당이 있다. 중국의 남쪽에 있는 베트남에는 베트남공산당이 있으며, 라오스에는 라오스인민혁명당이 있다. 또한 미얀마에는 전국민주연합, 통합단결발전당, 민족단결당 등 주요 정당이 있다. 인도에는 인도인민당, 인도국민회의당, 인도공산당(마르크스주의), 인도공산당 등 주요 정당이 있다. 네팔에는 네팔공산당, 네팔회의당 등 주요 정당이 있다. 또한 중국의 서쪽에 있는 파키스탄에는 파키스탄무슬림연맹(샤리프파), 파키스탄인민당, 정의운동당 등 주요 정당이 있으며, 아프가니스탄에는 아프가니스탄민족연합, 아프가니스탄이슬람민족운동, 아프가니스탄이슬람통일당, 아프가니스탄이슬람추진회, 아프가니스탄이슬람민족전선 등의 주요 정당이 있다. 타지키스탄에는 인민민주당, 사회주의당, 민주당, 사회민주당, 경제개혁당, 공산당, 농업당 등 주요 정당이 있으며, 키르기스스탄에는 사회민주당, 공화국–고향당, 키르키스탄당, 공동당 등 주요 정당이 있다. 카자흐스탄에는 ‘조국의 빛’ 당, ‘광명의 길’ 민주당, 공산인민당, ‘아울레’ 인민민주당 등 주요 정당이 있다.

세계 각국의 정당 상황은 매우 복잡하기 때문에 정당에 대해 과학적으로 정의하는 것은 매우 어렵다. 18세기 영국의 저명한 정치가 에드먼드 버크는 “정당이란 사람들이 연합한 단체이며, 그들이 동의한 특정 원칙에 따라 공동의 노력으로 국가의 이익을 증진시키는 것"[1]이라고 했다. 마르크스주의는 인류역사 발전의 큰 시각으로부터 보면, 정당은 인류사회 처음부터 있었던 것이 아니며, 계급투쟁이 일정한 역사단계로 발전한 후에 나타난 것으로 자본주의 민주주의가 군주전제 제도를 대체할 때 출현하였으며, 각 정당은 일정한 계급적 기초와 대중적 기초를 가지고 있는 계급투쟁의 도구로서, 계급이나 국가와 마찬가지로 최종적으로는 소멸될 것이라고 했다.

중국에서 현대적 의미의 정당 출현

중국에서 현대적 의미의 정당은 그 형성과 발전에 있어서 오랜 역사적 과정을 거쳐 왔을 뿐만 아니라, 엄청난 인식의 변화를 겪었다.

'당'이라는 단어는 중국에서 옛날부터 존재했지만, 뜻은 현대적 의미의 '정당'과 크게 다르다. 이를테면 주대(周代)에 인구 500가구를 관리하는 지방정권 조직을 '당'이라고 불렀다.[2] 상당 기간 사람들은 지배집단 내의 다양한 파벌과 서로 싸우는 작은 단체를 '당'이라 불렀다. 중국 번체자의 '당(黨)'자는 윗부분은 '상(尙)'자이고 아랫부분은 '흑(黑)'자로 되어 있다. '당(黨)'의 본래의 뜻은 어둡고 불분명하며, '흑(黑)'과 연관되어 있는 것이다. 그래서 선진(先秦)시대 유가에는 군자는 당파를 형성하지 말아야 한다는, 이른바 '군자불당(君子不党)'이란

---

1. 『政治学说史』 하권, 상무인서관, 1986, 684쪽.
2. 『周礼·地官司徒·大司徒』에 따르면, 주나라의 사회조직은 "다섯 가구를 비(五家为比)" 라 하였고, "다섯 비를 려(五比为间)" 라 하였으며, "네 려를 족(四间为族)" 이라 했다. 그리고 "다섯 족을 당(五族为党)" 이라 했다.

인식이 있었다. 『논어·위령공(論語·衛灵公)』에서 공자는 "군자는 언행이 신중하지만 남과 다투지 않고, 사람들과 잘 어울리지만 작당하여 사리사욕을 꾀하지 않는다(君子矜而不爭, 群而不党)"고 하였다. 북송(北宋)시기에 이르러 구양수(歐陽修)는 『붕당론(朋党論)』에서 '당'에 대해 새로운 견해를 내놓았다. 그는 "신이 들은 바로는, 붕당은 자고로부터 있었으나 군자와 소인을 구별할 수 있어 다행이옵니다. 대체로 군자는 군자와 더불어 도를 함께 하기 때문에 무리를 만들고, 소인은 소인과 더불어 이익을 같이하기 때문에 무리를 이루니, 이는 자연스러운 이치입니다.(臣聞朋党之說, 自古有之, 惟幸人君辨其君子小人而已. 大凡君子与君子以同道爲朋, 小人与小人以同利爲朋, 此自然之理也)"라고 하였다. 그는 군자와 군자는 뜻을 같이해서 붕당을 맺는 것이고, 소인은 이익을 같이해서 붕당을 맺는 것이므로 이는 자연스러운 이치라고 해석했다. 그러나 그는 또 소인은 붕당이 없고 오직 군자만이 붕당이 있다고 했다. 왜냐하면 소인이 탐내는 것은 급료와 돈이므로 이익이 같을 때에는 잠시 서로 결탁하여 붕당이 되지만 그것은 거짓에 불과한 것이고, 이익을 위해서는 서로 다툴 수도 있다. 혹은 같은 이익이 없어져 친분이 희박해지면 서로 상대방을 해치려 들며, 심지어 형제나 친척 간에도 서로 보호하지 않는다. 그러므로 소인에게는 붕당이 없고, 그들이 일시적으로 맺은 붕당도 거짓에 불과하다는 것이다. 그는 또 군자는 이와 달리 도의를 지키고, 충직하고 성실하며, 명예와 절조를 소중히 여긴다고 했다. 군자는 이로써 자신의 수양을 높이기 때문에 뜻이 같으면 서로에게 이롭게 된다고 했다. 이러한 것들로 나라를 위해 일할 때, 관점이 같으면 함께 갈 수 있고 시종여일할 수 있다고 하면서 이것이 바로 군자의 붕당이라고 했다. 그러므로 군주는 소인의 가짜 붕당을 물리치고 군자의 참 붕당을 기용하면 천하를 안정시킬 수 있다고 했다. 이처럼 구양수는 『붕당론』에서 사사로운 이익을 추구하는 소인의 당은 진정한 '당'이 아니고 도의를 지키는 '군자의 당'만이 진정한 '당'이라고 했다. 이 같은 관점은 '당'에 대한 사람들의 인식을 돌려세웠는데, 이는 후세 사람들의 서양의 'party'를 '당'으로 번역하는데 일정한 역할을 한 것으로 보인다. 오늘날 한자의 간자체에서는 '당(黨)'이라는 글자의 아랫부분인 '흑(黑)'자를 형제라는 '형(兄)'자로 바꾼 것은 지금 사람들이 '당'에 대한 긍정적 시각을 보여주는 것이다. 중국에 현대적 의미의 정당이 등장한 것은 근대 반제 반봉건의 민주혁명 시기이다. 농민 지도자 홍수전(洪秀全)이 창립한 배상제회(拜上帝會)는 민간의 종교 조직이지만, 이미 정당의 일부 요소(예를 들면, 사회적 이상과 정치 강령)들을 가지고 있었다. 자산계급 혁명파가 창립한 화흥회(華興會), 과학보습소(科學補習所), 군학사(群學社), 일지회(日知會), 광복회(光复會) 등 혁명단체들은 중국 현대 정당의 초기 형태이다. 쑨중산(孫中山)이 창설한 동맹회(同盟會)는 중국 최초의 현대적 의미의 정당이라 할 수 있다. 쑨중산은 동맹회 창설에 앞서 1905년 벨기에로 가 제2 인터내셔널 집행국을 방문하고, 에밀 반데벨데(Emile Vandervelde) 주석, 카밀 후스만스(Camille Huysmans) 서기와 회동한 적이 있다. 5월 18일 벨기에의 사회주의 신문인 '부루잇(Vooruit)'은 쑨중산의 이번 면담의 내용을 게재했다. 이틀 뒤 벨기에 사회당 기관지 '르 퍼퓔(Le Peuple)'은 '중국의 사회주의'라는 제목으로 이 기사의 발췌본을 게재했다. 신문은 쑨중산을 '중국혁명의 사회당 지도자'라고 칭했으며, 쑨중산은 이번 방문에서 그의 당을 제2인터내셔널의 구성원으로 받아들여 달라고 요청했다고 전했다. 신문은 "쑨 동지는 먼저 중국 사회주의자들의 목표를 간략하게 설명했다."고 하면서 그들의 강령은 "첫째, 정권을 찬탈한 외래인을 추방하여 중국을 중국인의 중국으로 만드는 것, 둘째, 토지를 전부 혹은 대부분을 공공 소유로 하는 것, 즉 대지주가 아주 적거나 없게 하는 것이다. 그리고 토지는 공사(코뮌)에서 일정한 장정에 따라 농민들에게 임대하는 것"이라고 했다. 이어서 신문은 "중국의 사회주의자들은 유럽의 생산방식을 채택하고 기계를 사용해야 하지만 또 여러 가지 폐해는 피해야 한다. 그들은 앞으로 아무런 과도 체제 없이 새로운 사회를 만들어야 한다. 그들은 우리 문명의 정수만을 흡수해야지 절대 우리 문명 중에서 가치가 없는 것의 제물이 되지 않도록 해야 한다."[3]고 했다. 유럽에서 돌아온 후 일본에 도착한 쑨중산은 1905년 8월 20일 일본 도쿄에서 중국혁명동맹회(中國革命同盟會) 창립대회를 열고 흥중회(興中會), 화흥회(華興會), 광복회(光复會)를 통합하여 중국혁명동맹회를 만들었으며, 약칭 '동맹회'라고 했다. 이것은 전국적인 자산계급 정당이다. 10월 20일 쑨중산은 동맹회 기관지인 『민보(民報)』의 창간호에 쓴 '발간사'에서 처음으로 자신의 혁명 강령인 '삼민주의(三民主義)'를 제시했다. 쑨중산의 '삼민주의' 영향으로 1911년 10월 10일 우창

---

3. 『马克思主义在中国 - 从影响的传入到传播』 상, 清华大学出版社, 1983, 124-125쪽.

(武昌)봉기가 일어나자 각 성(省)은 잇따라 이에 호응했다. 이어 쑨중산은 성(省) 당 1표의 방식으로, 16표 찬성, 1표 반대로 중화민국 임시 대통령으로 선출됐다. 이 해가 중국 음력에서는 신해년(辛亥年)이었기 때문에 중국 역사에서 '신해혁명'으로 불린다. 쑨중산은 1912년 1월 1일 난징(南京)에서 취임을 선언하고 중화민국 임시정부를 구성했다. 2월 12일 청(淸)나라 황제가 퇴위를 선포했다. 이로써 267년 동안 중국을 통치한 청 왕조와 2000여 년 간의 군주제도가 무너졌다. 이것은 쑨중산과 신해혁명의 거대한 역사적 공적이다. 중화민국이 창립된 후 동맹회는 합법적인 조직이 되었다. 그러나 자산계급의 연약성 및 국외 제국주의 세력과 북양(北洋)군벌 세력의 거센 압력으로 청나라 황제가 퇴위한 후인 1912년 2월 13일 쑨중산은 임시 대통령직에서 물러나 북양군벌의 수장인 위안스카이(袁世凱)에게 자리를 내주어야 했다.(4월 1일 공식 해임) 그리하여 신해혁명으로 탄생한 중화민국 정권은 곧 북양군벌의 수중에 떨어졌다.

　신해혁명 이후, 중국 정치는 극렬한 변화를 가져왔고 당을 조직하는 풍조가 나타났다. 1913년 5월에 발간된 『국시(國是)』라는 잡지는 "미친듯이 집회하여 결사하고, 정당의 이름은 봄날 풀 자라듯 나타난다.(集會結社, 猶如瘋狂, 而政党之名, 如春草怒生)"고 묘사했다. 이들 다수 당파의 구체적 상황은 당시에 확실하게 기록되지는 않았다. 후세 사람들의 연구에 따르면, 민국 초기의 정당은 312개에 달한다고 했다. 그중 베이징에 82개, 상하이에 80개가 있었다. 하지만 온전한 정치 강령 혹은 구체적 정치 강령이 있는 조직은 35개에 불과했다.[4] 또 다른 연구자에 따르면, 1912년부터 1914년 사이, 각 정치 세력들은 국회 선거에서 의석을 차지하기 위해 잇달아 정당을 건립했는데, 한때는 정당이 682개나 되었다고 한다.[5] 1912년 8월 25일 쑹자오런(宋敎仁)의 추진으로 중국동맹회, 통일공화당(統一共和党, 1912년 4월 난징[南京]에서 창립), 국민공당(國民公党, 1912년 3월 상하이에서 창립), 국민공진회(國民共進會, 1912년 2월 상하이에서 창립), 공화실진회(共和實進會, 1912년 2월 베이징에서 창립), 전국연합진행회(全國聯合進行會, 1912년 4월 창립)가 베이징에서 공동으로 국민당을 결성하고 쑨중산을 이사장으로, 쑹자오런을 대리 이사장으로 하였다. 국회의원 선거에서 국민당은 참의원과 중의원에서 모두 최다 석을 차지해 국회 내 최대 정당이 되었다. 그러나 위안스카이는 1913년 10월 6일 중화민국 대통령에 취임한 뒤, 11월 4일 국민당 해산을 명령했다. 1914년 1월 10일에는 또 국회 해산을 강행했다. 1914년 5월에는 '임시약법'(중화민국 임시정부의 헌법 성격의 근본인 된 법)의 폐지를 선언하고, 1915년 12월 12일에는 군주제 회복을 명령하면서 황제로 등극하는 해프닝을 벌이기도 했으며, 1916년 1월 1일부터 홍헌(洪憲)이라는 연호를 사용했다. 1914년 7월 쑨중산 등은 요절한 혁명을 위해 도쿄에서 별도의 중화혁명당을 조직해 동맹회 정신의 회복과 발현을 희망했다. 위안스카이의 복벽 실패 후, 1915년 5월 초 쑨중산은 국내로 돌아와 공화제를

4. 『中國近代通史』 6권, 江苏人民出版社, 2007, 2-3쪽.
5. 『中国共产党建设史』 (상), 福建人民出版社, 2011, 13쪽.

지키기 위한 투쟁을 계속했다. 1919년 10월 10일 쑨중산은 상하이의 프랑스 조계지에서 중화혁명당을 중국국민당으로 개편했다.

신해혁명 이후 각종 사회주의 유파도 생겨났는데, 특히 무정부주의 사조가 발전할 수 있는 여지가 있게 되었다. 1911년 7월 10일 상하이에 '사회주의연구회'가 설립되었다. 발기인 장캉후(江亢虎)는 사회주의연구회의 개회선언에서 "오늘은 사회주의연구회가 상하이에서 개막하는 날인데, 이는 곧 사회주의가 중국에서 개막했음을 말한다."고 하면서 "본회의 발기는 넓은 의미에서 사회주의의 연구를 위한 것"이라고 말했다. 이와 함께 사회주의연구회는 『사회의 별(社會星)』이라는 잡지를 창간함으로써 '언론기관' 역할을 할 수 있도록 했다.[6] 신해혁명 직후인 11월 5일, 즉 상하이가 광복된 이튿날 사회주의연구회는 중국사회당으로 개편하고 장캉후를 부장으로 추대했다. 이는 중국에서 처음으로 '당'이라는 이름으로 설립된 정당이었다. 장캉후는 중국 근대사에서 매우 복잡한 정치인이다. 그는 쑨중산으로부터 높은 평가를 받았을 뿐만 아니라, 또한 마오쩌둥(毛澤東)이 에드가 스노우와의 대담에서 언급한 사회주의의 전파자이기도 했다. 그러나 그는 만년에 왕징웨이(汪精衛) 괴뢰정권에 몸을 의탁하는 바람에 오명을 남기기도 했다. 중국 자산계급의 군주전제제도를 반대하는 투쟁에서 이런 현대적 의미의 정당이 등장한 것은 사회의 발전법칙에 부합한다고 봐야 할 것이다. 자본주의제도가 생기기 전까지는 노예사회든 봉건사회든 여러 왕권정치는 모두 개인의 혈연관계를 기초로 했지만, 왕권

---

6. 『马克思主义在中国 - 从影响的传入到传播』 상, 清华大学出版社, 1983, 283-285쪽.

정치를 무너뜨린 뒤에는 혈연관계를 바탕으로 하는 통치나 정치의 중심은 이미 거의 불가능해졌다. 입헌군주제 국가에서도 혈연에 기초한 군주는 더 이상 예전의 권력을 누릴 수 없게 되었다. 그리하여 재산관계를 바탕으로 한 자본주의 정치가 등장했다. 재산관계는 실질적으로 이해관계이기 때문에 개인의 혈연을 바탕으로 한 왕권정치는 서로 다른 재산의 이해관계를 대표로 하는 정치조직에 대신 될 수밖에 없는 것이다. 정당정치는 바로 이런 역사적 여건 속에서 생겨난 것으로 유럽도 그렇고 중국도 그랬다.

물론 역사는 자본주의 경제 형태와 정당정치의 출현으로 끝나지는 않았다. 자산계급이 봉건주의를 반대하는 혁명적 진보계급에서 그 반대 방향으로 이동하는 과정에서, 자산계급의 '쌍둥이' 계급, 즉 선진적인 사회화 생산력을 대표로 하는 무산계급과 그 정당은 필연적으로 역사의 전면에 등장하게 되었다. 그리하여 재산 관계에 기초하지 않는 무산계급 정당이 나타났던 것이다. 마르크스와 엥겔스는 『공산당선언』에서 "과거의 모든 운동은 소수이거나 소수자를 위한 것이었다. 하지만 무산계급의 운동은 절대다수거나 절대다수의 이익을 도모하는 독립적인 운동이다"[7]라고 했다. 즉 신흥 무산계급운동과 그 정당, 특히 시종일관 운동의 이익을 대변하는 공산당은 자산계급 정당보다 더 선진적인 정당이며, 새로운 형태의 현대 정당이었던 것이다. 제국주의와 봉건주의에 반대하는 중국의 민주혁명이 구민주주의 혁명에서 신민주주의 혁명으로 바뀌는 역사적 시점에서 탄생한 중국

---

7. 『马克思恩格斯文集』 2권, 人民出版社, 2009, 42쪽.

공산당이 바로 마르크스주의를 지도사상으로 하는 정당이며, 중국 인민의 행복을 도모하고, 중화민족의 부흥을 도모하는 새로운 형태의 현대 정당인 것이다.

개인적인 혈연관계를 바탕으로 하는 왕권으로부터 재산관계를 바탕으로 하는 자산계급 정당의 출현, 그리고 여기서 다시 절대다수 사람들의 이익을 도모하는 것을 근본 취지로 하는 무산계급 정당의 출현이 바로 현대적 의미의 정당의 발생과 발전의 역사적 논리의 궤적인 것이다. 이러한 정리와 중국 고대의 당에 대한 이해 및 그 인식의 변화로부터 현대적 의미의 중국 정당의 출현 및 발전과 변화과정을 연결시켜 보면, 우리는 서구 국가의 현대적 의미의 정당이 봉건주의에 반대하는 자산계급 혁명 과정에서 출현한 것과 마찬가지로 중국에서도 현대적 의미의 정당은 근대의 제국주의와 봉건주의를 반대하는 민주혁명 시기에 출현하였다는 것을 알 수 있다. 다만 쑨중산이 창립한 동맹회와 그 후신인 중국국민당은 구민주주의 혁명에서 탄생하였고, 중국 노동자계급의 선봉대, 중국 인민과 중화민족의 선봉대로서의 중국공산당은 신민주주의 혁명에서 탄생하였을 뿐이라는 것이다.

중국공산당의 탄생과 중국국민당의 개편 및 그 반동적인 흐름

현대적 의미의 정당의 발생과 발전 역사를 살펴보면, 정당의 역사적 운명은 궁극적으로 그들이 시대의 흐름과 사회의 진보에 얼마나 잘 순응하였느냐에 달려 있음을 알 수 있다. 우리는 이미 중국의 현대적 의미의 정당이 반제·반봉건의 민주주의혁명 속에서 생겨났음을 알고 있다. 중국의 민주주의 혁명은 구민주주의 혁명과 신민주주의 혁명이라는 양대 역사적 시기로 나눌 수 있다. 이 양대 역사적 시기는 1919년의 '5·4운동'을 경계로 구분된다. '5·4운동'은 중국 근대사에서 특히 중요한 의의를 가지고 있다. 첫째는, 중국 노동자계급이 이 운동에서 독립된 정치역량으로 중국 역사무대에 전면 등장했다는 점이다. 둘째는, 마르크스주의가 국권을 잃은 '파리강화조약'과 중일 '21조 조약'에 대한 투쟁 중에서 크게 보급되었는데, 신문화운동의 영수이자 급진적 민주주의자인 천두시우(陳獨秀)가 바로 이 애국운동에서 마르크스주의자로 전환되었다. 셋째는, 중국공산당의 창립을 위해 중요한 계급기반·사상기반과 간부 조건을 마련해 놓았다는 점이다. 즉 '5·4운동'을 전후해서 중국 민주주의 혁명의 주역들이 크게 바뀌기 시작했는데, 쑨중산을 대표로 하는 중국 민족자산계급이 점차 중국의 무산계급과 곧 역사의 전면에 등장할 중국공산당으로 바뀌게 되었던 것이다. 따라서 '5·4운동'을 표지로, 아편전쟁 이래 중국 민주주의 혁명은 구민주주의 혁명에서 신민주주의 혁명으로 바뀌기 시작했다. 이것은 그 누구의 의지로도 바뀔 수 없는 시대적 흐름이었고 사회적 진보였다. 이 변화는 중국 각 정당의 발생·발전·전향·쇠락에 중대한 영향을 미칠 수밖에 없었다.

신민주주의 혁명 시기 중국의 정치는 정당의 지형에 있어서 급격하고도 심각한 양대 변화를 일으켰다.

그중 하나가 중국공산당의 탄생인 것이다.

'5·4운동' 이후 중국의 정치에서 가장 큰 변화는 중국공산당의 창립이다. 마오쩌동은 "중국에 공산당이 생겼다는 것은 천지개벽 같은 대변화"[8]라고 했다. 중국 혁명 역사상, 완전히 새로운 형식의, 마르크스 레닌주의를 지도사상으로 하고, 사회주의와 공산주의 실현을 분투 목표로 하며, 철저한 조직과 규율을 갖춘 무산계급 정당이 있으면서부터 혁명의 면모가 일신되었다.

1920년 2월 '5·4운동'의 지도자 천두시우는 북양군벌의 박해를 피해, 베이징을 떠나 노동자계급이 집중된 상하이로 갔다. '5·4운동'에서 베이징의 애국 학생들이 북양군벌 정부에 체포되었을 때, 상하이 노동자계급은 앞장서 파업에 나섬으로써 북양군벌 정부가 애국 학생들을 석방하도록 했다. 상하이에 간 천두시우는 노동자 간행물을 창간하고, 노동자들 속에 들어가서 마르크스주의를 선전하면서 노동자들의 각성을 계발하였고, 진정한 노조를 조직하여 노동자 투쟁을 일으켰으며 창당의 핵심 간부들을 모아 당 창립을 위한 준비를 했다. 천두시우가 베이징을 떠날 때, 리다자오(李大釗)는 그를 호송하면서 중국에서 공산당을 창립할 데 대해 논의했다. 천두시우가 당 창건 준비에 한창일 때, 그리고리 보이틴스키(Grigoril Voitinskey) 코민테른 대표가 리따자오(李大釗)의 소개로 상하이에 와 천두시우를 만났으며, 코민테른과 세계 공산주의 운동 상황 및 소련 혁명의 경험을 소개했다. 보이틴스키 등의 도움으로 1920년 8월 상하이에서 '중국공산당'이 창립됐다. 이는 중국 최초의 공산당 조직으로, 사실상 공산당의 발전

---

8. 『마오쩌동 선집(毛澤東选集)』 4권, 人民出版社, 1991, 1514쪽.

을 추진하는 임무를 담당하였으며, 『신청년(新靑年)』 잡지와 편지를 쓰는 등 형식을 통해 각지의 공산주의자들을 연락함으로써 공산당 조직의 설립을 추진했다. 1920년 8월부터 1921년 봄까지 6개월여의 노력 끝에 선후로 우한, 지난(濟南), 베이징, 창사(長沙), 광저우(广州) 등지에 공산당 조직이 만들어졌으며, 좀 지나서는 재일, 재프랑스 중국인들 속에서도 공산당 조직이 만들어졌다. 각 지역 당 조직의 건립은 중국공산당 제1차 전국대표대회의 개최와 전국적으로 통일된 중국공산당 설립을 위해 필요한 조직적 준비를 하였다. 상하이의 공산당 발기소조는 외국어학사(外國語學社), 중러통신사(中俄通訊社)를 설립하고, 사회주의청년단, 기계노동자 노조를 창립했으며, 월간 잡지 '공산당(共産党)'을 출판하여 마르크스주의 선전을 크게 강화하고, 청년 간부 양성과 노동자 운동의 리더십을 강화했다.

1921년 6월 초, 헨드리퀴스 마링(Hendricus Maring) 코민테른 대표와 니콜스키(Nikolsky) 코민테른 극동서기처 대표가 선후로 상하이에 도착해, 상하이 공산당 발기소조의 멤버인 리따(李達), 리한쥔(李漢俊)과 연락을 맺고 중국공산당의 창당에 대해 논의했다. 그들은 조속히 전국대표대회를 개최해 중국공산당을 공식 창립해야 한다는 데 의견을 모았다. 리다(李達)와 리한쥔(李漢俊)은 당시 광저우에 있는 천두시우, 베이징에 있는 리따자오(李大釗)와 서신을 통해 당대표대회의 개최 시기와 장소를 확정, 1921년 7월 상하이에서 중국공산당 제1차 전국대표대회를 열기로 했다. 이어 베이징, 우한, 창사, 지난(濟南), 광저우와 재일 당조직에 각각 2명의 대표를 파견하라는 내용의 편지를 보냈다. 1921년 7월 23일, 중국공산당 제1차 전국대표대회가 상하이 프랑스 조계지 왕즈루(望志路) 106번지에서 열렸다. 중국공산당 제1차 전국대표대회에는 각지에서 온 13명의 대표들이 참석했다. 그들로는 상하이 대표 리다(李達), 리한쥔(李漢俊), 우한(武漢) 대표 동비우(董必武), 천탄치우(陳潭秋), 창사 대표 마오쩌동, 허수헝(何叔衡), 지난(濟南) 대표 왕진메이(王盡美), 덩언밍(鄧恩銘), 베이징 대표 장궈타오(張國燾), 류런징(劉仁靜), 광저우 대표 천공버(陳公博), 재일 대표 저우퍼하이(周佛海), 그리고 천두시우가 지명한 대표 바오훼이썽(包惠僧)이다. 마링(Hendricus Maring) 코민테른 대표와 니콜스키(Nikolsky) 코민테른 극동서기처 대표가 개막식에 참석해 축하 발언을 하고 대회를 지도했다. 대회 기간 이상 상황이 발견되자 대표들은 상하이 인근의 자싱(嘉興)으로 옮겨 가 난후(南湖)의 유람선에서 대회 일정을 마쳤다. 대회의 핵심 의제는 당의 강령을 제정하는 것이었다. 대회는 당의 제일 첫 강령을 통과했는바, 이 강령에서는 당의 명칭을 '중국공산당'으로 정하고, 당의 근본적 정치 목적을 사회혁명을 실행하는 것이라고 규정했다. 당의 분투 목표는 무산계급 혁명군대로 자산계급을 전복하고, 무산계급 독재를 채택함으로써 계급투쟁의 목적을 달성하는 것, 즉 계급을 소멸하고 자본의 사유제를 폐지하는 것이라고 했다. 당의 조직에 있어서는 소비에트 형식을 채택하여, 위에서부터 아래로의 엄밀한 조직을 건립하고 엄격한 규율을 실시하여, 지방 조직은 반드시 중앙의 감독과 지도를 받도록 규정했다. 대회는 또 당 지도기구인 중앙국(中央局)을 선출하고 천두시우를 서기로 하며, 장궈타오(張國

燾)와 리다(李達)가 조직과 선전을 책임지기로 했다. 대회에서 통과된 강령은 중국공산당이 마르크스 레닌주의를 지도사상으로 하는 노동자계급 정당이라는 것을 명확히 보여주었다. 중국공산당 제1차 전국 대표대회는 중국공산당의 창립을 공식 선언한 것이다. 후에 옌안(延安)에서 중국공산당은 7월의 첫날인 7월 1일을 중국공산당 탄생 기념일로 정했다.

다른 하나는 중국국민당의 개편과 '반짝' 진보이다.

'5·4운동' 이후 중국 정치의 또 다른 중대한 변화는 쑨중산이 국민당을 개편하고 '러시아와 연합하고, 공산당과 연합하며, 농민 노동자를 원조하는' 3대 정책을 제시하여 구 삼민주의를 신 삼민주의로 개조한 것이다. 그러나 쑨중산이 서거하자 국민당은 분열과 반전을 거듭했고, 결국 대지주, 대부호 계급으로 기울어지면서 혁명적인 정당으로부터 반동적인 정당으로 변했다.

쑨중산은 위대한 혁명가이다. 그는 신해혁명의 성과가 위안스카이를 대표로 하는 북양군벌에게 탈취당한 뒤, 연이어 '2차혁명'과 '호법전쟁(護法戰爭)'을 일으켰으나 모두 실패했다. 1922년 9월, 제3 인터내셔널과 중국공산당의 도움으로 쑨중산은 과거의 경험을 총결산하고, 러시아 혁명의 경험과 방법을 배워 국민당을 개편하기로 결정했다. 1924년 1월 20일부터 30일까지, 쑨중산은 광저우에서 중국국민당의 제1차 전국대표대회를 주재했다. 이번 대회는 중요한 역사적 의의가 있는 대회였다. 대회에서는 '중국국민당 제1차 전국대표대회 선언', '중국국민당 정관'과 기타 결의안을 채택했다. 특히 대회는 삼민주의를 재해석하고, 구 삼민주의를 신 삼민주의로 발전시키는 '러시아와 연합하고, 공산당과 연합하며, 농민 노동자를 원조하는' 3대 정책을 수립했다. 이 사상에 따라, 제국주의와 봉건주의를 반대하는 중국공산당의 주장을 받아들이고, 공산당원과 사회주의 청년단원이 개인 자격으로 국민당에 가입할 수 있도록 했다. 개편을 거친 국민당은 단순한 민족자산계급 정당에서 노동자, 농민, 소자산계급과 민족자산계급의 혁명통일전선(革命統一戰線) 조직으로 바뀌었다. 개편된 후의 국민당은 눈부신 발전 시기를 거쳤다. 이 기간 국민당은 공산당과 긴밀히 협력하여 황푸(黃埔)군관학교를 설립하여 혁명군대를 창설하였고, 상단(商團)의 반란을 평정하고, 두 차례의 동정(東征)을 거쳐 광둥(广東) 혁명 근거지를 통일하고 혁명정부를 수립하였다. 이로써 중화민국은 베이징 북양정부와 광둥 국민정부가 남북으로 대치하는 정치 구도를 형성하게 되었다. 1924년 10월, 베이징에서 정변이 발생하자 쑨중산은 펑위샹(馮玉祥), 돤치루이(段祺瑞), 장쭤린(張作霖)의 전보를 받고 북상하여 국사를 상의하였다. 1925년 3월 12일, 쑨중산은 불행히도 베이징에서 병으로 세상을 떠났다.

쑨중산이 사망된 후 국민당 내 우파 세력이 대두하였다. 1925년 11월 23일, 국민당 중앙위원회 중의 우파 대표인 린썬(林森), 쥐정(居正), 쩌우뤄(鄒魯), 예추륀(叶楚倫) 등 10여 명은 베이징 시산(西山)의 벽운사(碧云寺)에서 이른바 '국민당 1기 4중 전회(國民党一届四中全會)'를 열고 반소련, 반공산당, 반국공협(反對國共合作)력 등 안건을 통과시켰다. 이들은 '서산회의파'라 불리웠다. 1926년 1월, 중국공산당과 국민당 좌파의 지지로, 중국국민당 제2차 전국대표대회는 쑨중산의 유언에 따라, "러시아와 연합하고, 공산당과 연합하며, 농민 노동자를 원조하는 3대 정책"을 계속 실행하기로 하고, 서산회의파를 탄핵하는 결의안을 채택해 쩌우뤄, 셰츠(謝持) 등 서산회의파의 주요 멤버들을 징계했다. 이 대회 후, 장제스(蔣介石)가 국민당 중앙집행위원회 상무위원, 국민혁명군 총책임자로 됐다. 그 후, 장제스를 비롯한 국민당 우파들은 공산당원을 공격하고 배척하는 '중산함(中山艦) 사건'과 '당무정리안'을 잇달아 일으켜 공산당원들이 국민당 중앙 부장 등 직책에서 강제로 물러나게 했다. 1926년 6월 5일, 국민당 제2기 중앙집행위원회는 임시회의에서 '북벌(北伐)하여 군벌을 소탕하고 전국을 통일한다'는 안건을 통과했다. 7월, 국민혁명군은 북벌에 나섰다. 북벌이 공산당의 적극적인 협력과 참가로 큰 승리를 거두었을 때인 1927년 4월 12일, 장제스는 상하이에서 4·12 반혁명 쿠데타를 일으켜 공산당원과 노동자 농민 대중을 학살하고 국민당 좌파를 배척하여, 난징(南京)에 국민정부를 따로 세웠다. 7월 15일, 우한에 있던 왕징웨이(汪精衛)도 쑨중산의 3대 정책을 옹호한다는 위장을 벗어버리고 '공산당과의 분리'를 선언했다. 공산당원들과 쑹칭링(宋慶齡)을 대표로 하는 국민당 좌파들은 성명을 발표하여 국민당 중앙에서 탈퇴했다. 그리하여 쑨중산이 국민당을 개편하면서 형성된 국공(國共) 협력이 완전히 깨졌다. 국민당은 쑨중산의 3대 정책을 배반한 후 더 이상 노동자 농민 소자산계급과 민족자산계급의 혁명통일전선 조직이 아닌 대지주 대자산계급의 정당으로 타락했다.

국민당 독재 통치 반대와 전 민족 항일전쟁의 개시 후 발전하기 시작한 민주당파

1921년 중국공산당 창립과 1924년 국민당 개편 이후, 두 당의 관계는 서방 의회의 당파 관계와 달리 협력관계가 아니면 총칼을 휘두르는 상대였다. 혁명 투쟁 과정에서 이들의 협력 혹은 적대관계는 중국의 정당정치에서 주요 특징이 되었다. 이와 함께 국공 양당의 투쟁과정에서 양당 사이에 낀 중도당파도 등장했다. 이들 중도당파 중에는 국민당과 비교적 가까운 당파가 있는가 하면 공산당과 왕래가 많은 당파도 있었다. 1927년 4·12 반혁명 쿠데타 및 그 이후 국민당 내부의 장제스 그룹과 왕징웨이 그룹의 '닝한합류(宁漢合流)'가 일어난 후, 국민당은 대지주 대자산 계급을 대표로 하는 중화민국 난징(南京)정부를 수립하고 국민당의 일당 독재통치를 실시했다. 국민당의 독재에 반대한 중도당파 절대다수가 애국 민주문제에 대해 공산당과 많은 공감대를 형성한 끝에 공산당과 통일전선을 형성해 민주당파가 되었다. 이들 중도당파에는 1923년 12월 2일 파리에서 결성된 중국청년당(처음 명칭은 '중국국가주의청년단'이었으나 1929년 8월 20일 정식으로 '중국청년당'으로 명명했음), 1925년 10월 10일 미국 샌프란시스코에서 결성된 중국치공당(전신은 화교단체인 '아프리카주 홍문치공당[洪門致公堂]), 1930년 8월 9일 상하이에서 결성된 중국국민당임시행동위원회(1935년 '중화민족해방행동위원회'로 개명했다가 1947년에 다시 '중국농공민주당'으로 개명했음)이 포함된다. 그 외에도 1934년 7월(일설에는 10월), 1932년 4월에 설립된 짜이성사(再生社, 『재생』이라는 주간 잡지를 출판)를 바탕으로 톈진(天津)에서 결성된 중국국가사회당(1946년 민주헌정당과 합병하여 중국민주사회당을 설립했음) 등이 있다. 이들 중도당파의 정치성향은 비교적 복잡하지만 대다수의 당파들은 국민당의 독재통치를 반대했다. 그중에는 국민당의 독재통치를 반대함과 동시에 공산당도 반대하는 당파가 있었다. 이를테면, 덩옌따(鄧演達), 장버쥔(章伯鈞)이 설립한 중국국민당임시행동위원회는 1930년 9월에 발표한 선언에서, 제국주의 봉건주의와 장제스의 국민당 통치도 반대하지만, 또한 공산당의 토지혁명과 무장투쟁도 반대한다고 하면서 자신은 '제3의 당'이라고 했다. 당시 중국공산당은 유년기에 불과했으므로 당내 '좌경' 폐쇄주의 영향으로 이러한 중도당파들에 제대로 대응하지 못했다.

항일전쟁은 이들 중도당파들로 하여금 갈수록 더 중국공산당의 주장에 접근하고 동조하게 했다. 1935년 화뻬이(華北)사변 이후, 일본제국주의가 중국을 멸망시키려는 야심이 한층 더 노출됐다. 중국공산당은 공농홍군이 장정을 거쳐 산시성(山西省) 북부에 도착한 후, 국내외 정세에 대한 면밀한 분석을 거쳐 중국 사회모순에 심각한 변화가 발생해, 민족모순이 이미 주요 모순으로 대두되었다고 지적하면서 항일민족통일전선을 구축해야 한다는 주장을 펼쳤다. 국가와 민족을 멸망으로부터 구하기 위해 이때의 중도당파들은 모두 단결해 항일할 것을 주장했다. 중국공산당도 오랫동안 당내에 있던 '좌경' 폐쇄주의 경향을 바로잡고, 1935년 11월 '항일구국선언'을 발표하여, 중도당파의 항일 태도를 충분히 인정하고 그들과 단결해 항일민주운동을 전개할 것을 제안했다. 전면적인 항일전쟁을 추진하기 위해 중국공산당은 민족적 대의에 기초하여 국민당과의 옛 원한을 버리고 시안(西安)사변을 평화적으로 해결하는 등의 노력을 통해 국민당과 협력하여 항일에 임하는 것을 실현했다. 이것은 중도당파를 포함한 전국 각 민족 인민에게 있어서 매우 고무적인 일이었다. 특히 중국공산당은 항일전쟁은 전면적인 전 민족의 항일전쟁이어야 한다고 강조하면서, 전 중국의 인민이 다 동원되어 항일할 것을 주장하였는데 이는 크게 인민의 지지를 얻었다. 이로부터 지식인과 기업가를 포함한 애국민주인사들이 항일과 민주를 주장하는 새로운 정당을 결성하는 붐이 일었다. 한 예로 1936년 1월 28일 선쥔루(沈鈞儒)·장나이치(章乃器)·타오싱즈(陶行知)·쩌우타오펀(鄒韜奮) 등이 발기해 1936년 5월 상하이에서 결성한 전국각계구국연합회(1945년 '중국인민구국회'로 개명함)가 바로 그러한 신 당파였다. 특히 1937년 7월 7일 전면적으로 항일전쟁이 발발하자 중국공산당의 항일민족통일전선 정책의 영향으로 1939년 11월 23일 충칭(重慶)에서 황옌페이(黃炎培), 량수밍(梁漱溟) 등 사회 명사들이 발기한 통일건국동지회(統一建國同志會)가 발족됐다. 통일건국동지회는 또 1941년 3월 19일 항일을 주장하는 기타 민주당파 단체와 연합해 충칭에서 황옌페이(후에는 장란[張瀾]이 직무를 이어받음)를 주석으로 하는 중국민주정단동맹(中國民主政團同盟)을 결성했다. 중국민주정단동맹에는 '3당3파' 즉 중국청년당·국가사회당·중화민족해방행동위원회·중화직업교육사·향촌건설협회·전국각계구국연합회가 포함되었다. 1944년 9월 19일 중국민주정단동맹은 '중국민주동맹(약칭 민맹 民盟)'으로 이름을 바꾸었다. 민맹 결성 당시 옌안의 『해방일보』

는 사설을 통해 이들을 "중국 민주운동의 생력군(生力軍)"이라고 극찬했다. 항일전쟁 승리 전야, 중국공산당은 제7차 전국대표대회에서 항전승리 후 중국은 민주적인 연합정부를 수립해야 한다고 제의했다. 이 주장은 많은 사람들의 호응을 받았다. 중도당파 중에서 민주화를 주장하는 정당과 공산당은 점점 가까워졌으며, 애국적 민주인사들은 한층 더 단결되었다. 항일전쟁 승리 후, 중국공산당과 민주를 주장하는 당파들이 민주를 지향하는 중국을 만들기 위해 벌인 투쟁 속에서 또 새로운 정당들이 탄생했다. 1945년부터 1948년까지 이미 설립된 전국각계구국연합회(全國各界救國聯合會)와 중국민주동맹(中國民主同盟) 및 중국치공당(中國致公党) 외에도 일련의 새로운 당파들이 결성됐다. 이들로는 1945년 10월 28일 충칭(重慶)에서 결성된 삼민주의동지연합회(三民主義同志聯合會), 1945년 12월 30일 상하이에서 결성된 중국민주촉진회(中國民主促進會, '민진[民進]으로 약칭), 1946년 4월 14일 광저우에서 결성된 중국민주촉진회(후에 중국국민당 민주촉진회로 개칭, '민촉[民促]'으로 약칭), 1946년 5월 4일 충칭(重慶)에서 결성된 구삼학사(九三學社), 1946년 8월 국가사회당(國家社會党)과 해외의 민주헌정당(民主憲政党)이 합병하여 결성된 중국민주사회당(中國民主社會党, 여전히 민맹 성원들임), 1947년 11월 12일 홍콩에서 결성된 타이완민주자치동맹(台湾民主自治同盟), 1948년 1월 1일 홍콩에서 결성된 중국국민당혁명위원회(中國國民党革命委員會) 등 당파와 단체들이다.

이들 중도당파는 후에 국민당이 조종하는 제헌국민대회(制憲國民大會)의 참석 여부를 놓고 분열됐다. 그들 중 우익은 국민당에 밀착했고, 좌익은 중국공산당의 진정한 친구가 되었다. 국민당의 포섭 하에 중국민주동맹(中國民主同盟) 중의 중국청년당(中國靑年党), 중국민주사회당(中國民主社會党)이 민의를 거스르는 제헌국민대회(制憲國民大會)에 참가했으므로 중국민주동맹은 맹규(盟規)에 따라 이 두 당을 제명했다. 국민당은 또 정부역량을 동원해 백방으로 중국민주동맹(中國民主同盟)을 압박했다. 1947년 10월 국민당 정부는 내전을 발동하여 공산당이 이끄는 해방구를 대거 침공함과 동시에 중국민주동맹을 '불법' 단체로 선포했다. 이에 민주동맹은 해체됐고 다른 당파들도 그 후 국민당 정부에 의해 폐쇄됐다. 이들 중도당파 중의 상당수는 기업인이거나 지식인으로서 벼슬을 원한 것이 아니라, 국가 구원과 민주 진보의 염원으로 정치의 거센 흐름 속에 뛰어들었던 것이다. 그들 중 많은 사람들은 과거 국민당에 호감을 갖고 희망을 걸었지만, 냉혹한 독재정치가 그들의 꿈을 산산조각 냈던 것이다.

바로 이러한 역사적 배경으로 국민당과 공산당 사이의 중도당파들은 오직 중국공산당만이 중국에 민주와 새 생명을 가져올 수 있다는 인식이 커지게 되었다. 그리하여 중국공산당과 이들이 항일전쟁시기 형성한 항일민족통일전선이 장제스의 국민당 독재통치에 반대하는 인민민주통일전선으로 발전할 수 있었다. 공산당과 함께 국민당의 독재를 반대하여, 국민당의 박해를 받은 이들 당파가 바로 중국의 민주당파로 된 것이다.

'민주당파' 개념의 제기

'민주당파'라는 개념은 중국 항일민족통일전선이 인민민주통일전선으로 발전하는 혁명 실천 속에서 만들어졌다. 이 개념을 제기한 것은 중국공산당이고 마오쩌둥이다.

항일전쟁에서 인민해방전쟁에 이르기까지, 애국·단결·민주는 전국 각 민족 인민의 공통된 염원이자 중국공산당과 각 당파가 통일전선을 결성한 기본 원칙이기도 하다. 항일전쟁 중, 공산당과 국민당의 통일전선은 자주 '민주' 문제에 있어서 모순이 발생하여, 통일전선 내부의 단합에 늘 균열이 생기곤 했다. 반면 공산당과 대다수 중도당파의 통일전선은 '민주'를 쟁취하는 데 있어서 더 많은 공감대가 있었으며, 이로부터 더욱 단합되었다. 항일전쟁 승리 후, '민주'는 중국공산당과 중국민주동맹 등 당파들의 공통된 정치주장이 되었으므로, 마오쩌둥과 중국공산당은 국민당 독재에 반대하고 중국의 민주를 위해 분투하는 정당을 '민주당파'라 통칭하였다. 1945년 4월 24일 마오쩌둥은 중국공산당 제7차 전국대표대회의 '연합정부를 논함'이라는 정치 보고에서 처음으로 '민주당파'라는 개념을 제시했다.

'연합정부를 논함'이라는 정치보고에서 마오쩌둥은 두 가지 의미에서 이 개념을 사용했다. 그중 하나는, '민주당파'란 중국공산당을 포함해, 중국 인민의 민주화를 쟁취하기 위해 분투하는 모든 당파를 지칭한 것이다. 예를 들어, 마오쩌둥은 보고에서 국민당이 민의를 거스르는 이른바 '국민대회'를 연 것을 두고, "국민당 반 인민집단이 광범위한 인민과 모든 민주당파의 요구에도 아랑곳하지 않고 이른바

'국민대회'를 개최했다."[9]고 비판했다. 여기에서 '모든 민주당파'는 분명 중국공산당과 기타 당파를 포함한 민주당파일 것이다. 그는 또 '일본 침략자를 물리치고 신 중국을 건설하기 위해, 내전을 방지하기 위해, 중국공산당은 기타 민주당파의 동의를 거쳐, 1944년 9월에 열린 국민 참정회의에서 국민당의 일당 독제를 즉시 폐지하고 민주연합정부를 수립할 것을 요구했다."[10]고 했다. 여기에서 중국민주동맹 등 당파는 중국공산당에 비해 '기타 민주당파'인 것이다. 이런 의미에서의 '민주 당파'라는 설법은 해방 후에도 여러 번 사용되었다. 예를 들면, 1950 년 11월 4일 항미원조(抗美援朝)를 성원하기 위해 중국공산당은 중국 국민당혁명위원회(中國國民黨革命委員會), 중국민주동맹(中國民主同盟), 중국민주건국회(中國民主建國會), 중국인민정치협상회 무소속 민주인 사, 중국민주촉진회(中國民主促進會), 중국농공민주당(中國農工民主黨), 중국치공당(中國致公黨), 구삼학사(九三學社), 타이완민주자치동맹(台湾民主自治同盟), 중국신민주주의청년단(中國新民主主義青年團)과 연합으로 "각 민주당파 연합선언"을 발표했다. 여기에서 '민주당파'에는 '중국공 산당'과 '중국신민주주의청년단'이 포함된다.

다른 하나는, '민주당파'란 중국공산당 외에 국민당 독재에 반대하 는 당파를 가리킨다. 일례로 마오쩌동은 보고에서 "중국은 현재 시국 이 아주 심각한데, 중국 인민, 중국의 모든 민주당파와 민주인사, 중 국의 시국에 관심을 갖고 있는 외국 인민은 모두 중국의 분열국면이

9. 『毛澤東選集』 3권, 人民出版社, 1991, 1067-1068쪽.
10. 위의 책, 1051쪽.

다시 단결 쪽으로 쏠리기를 바라고, 중국이 민주 개혁을 실행하기를 바라며, 중국공산당의 현재의 많은 중대한 문제에 대한 정책을 이해할 수 있기를 바란다."[11]고 했다. 그는 또 "중국 인민의 모든 항일 역량을 동원 통일하고, 일본 침략자를 철저히 소멸시키며, 독립적이고 자유로우며 민주적이고 통일된 부강한 신 중국을 건립하기 위해, 중국 인민·중국공산당과 모든 항일 민주당파들은 상호 동의하는 공동 강령이 절실히 필요된다."[12]고 했다. 여기서 말하는 민주당파는 중국공산당을 제외한 우당(友黨)을 지칭하는 것이 분명하다.

우리가 여기서 '민주당파'라는 개념의 유래와 그 뜻을 고증하고 분석하는 것은 두 가지를 강조하기 위해서이다.

하나는 중국공산당이 민주문제에서의 기여에 대해 충분히 인정해야 한다는 점이다.

오늘날 우리는 일반적으로 '특별 지칭'이라는 의미에서 '민주당파'라는 개념을 사용하고 있다. 즉 '민주당파'는 중국공산당의 우당(友黨)을 가리킨다. 이렇게 지칭할 때의 장점은 이 개념의 대상이 아주 명확하다는 것이다. 하지만 이는 중국공산당이 민주를 주장하거나 실행하는 정당이 아니라는 오해를 살 수 있다. 특히 이 정치적 용어를 외국어로 번역할 때 이런 오해가 생길 수 있다. 중국혁명사에서 중국공산당은 창립일로부터 한 결 같이 중국 인민의 민주정치를 위해 분투한 진정한 의미의 민주정당이었다. 사실, 과거 국민당 독재에 반대

---

11. 위의 책, 1054쪽.
12. 위의 책, 1055쪽.

하는 투쟁에서 사람들은 중국공산당을 '민주당파'로 분류했었다.

예를 들면, 1945년 9월 중순 중화민족해방위원회(中華民族解放委員會) 지도자 장버쥔(章伯鈞)은 시국에 대한 담화를 발표할 때, "국민당은 즉각 당 통치를 끝내고, 민주를 실현하며, 인민에게 민주 권리를 주고, 기존의 모든 항일 민주당파의 합법적 지위를 인정할 것을 강력히 요구한다."고 했다. 여기서 말하는 '모든 항일 민주당파'는 중국공산당을 포함한 것이다.

다른 하나는, '특별 지칭'이라는 의미에서의 '민주당파'라는 개념을 사용하는 것은 매우 필요하다는 점이다. 중국공산당과 국민당 독재에 반대하는 다른 당파들이 모두 '민주당파'로 통하지만, 중국공산당은 다른 민주당파보다 정치적으로 더욱 성숙되고 확고하다. 민주당파는 기존의 중도당파에서 발전했기 때문에, 국민당 독재에 반대하는 투쟁에서 종종 '중간' 특징을 드러냈다. 예를 들어, 항일전쟁 승리 후, 심지어 해방전쟁이 시작된 후에도 그들 중 일부는 장제스 국민당에 환상을 갖고 '중간 노선', '제3의 길' 등 현실에 부합되지 않는 주장을 펼쳤다. 1949년 8월 14일, 마오쩌둥은 "환상을 버리고 투쟁을 준비해야 한다(丟掉幻想, 准備斗爭)"는 글에서 '민주 개인주의' 옹호자들의 모순된 심리에 대해 "그들은 국민당은 나쁘고, 공산당도 좋지 않을 수 있으니 두고 보자고 한다. 그중 일부 사람들은 입으로는 옹호한다고 말하지만, 내심으로는 그냥 지켜보려고만 한다. 바로 이런 사람들이 미국에 환상을 품고 있는 것이다."[13]라고 따끔한 충고를 하였다. 마

---

13. 위의 책, 4권, 1485쪽.

오쩌둥은 또 우리는 "선의를 가지고 그들을 도와주어야 한다. 그들의 동요를 비판하고, 교육하여 인민의 편에 서도록 쟁취하여, 제국주의가 그들을 끌어당기지 못하도록 해야 한다. 그들이 환상을 버리고 투쟁을 준비하도록 해야 한다."[14]고 했다.

오늘의 중국에는 공산당 외에도 8개의 민주당파가 있다.

중국 정당들의 이모저모에 대해 이해하고 나면, 중국에서 일당 독재를 실시한 것은 공산당이 아니라 국민당이라는 사실을 알 수 있다. 이와 함께 중국공산당은 전국 정권을 취득한 후에도 시종 변함없이 민주에 대한 약속을 이행해 왔는데 소련의 정당제도처럼 일당제를 실시한 것이 아니라, 민주정치의 창조적 실천 속에서 중국공산당이 영도하는 다당(多黨) 협력과 정치협상제도를 구축해 왔음을 알아야 한다. 오늘날의 중국에는 중국공산당 외에도 8개의 민주당파가 있다는 것을 많은 사람들이 알지 못한다. 이 8개 민주당파에는 중국국민당혁명위원회(中國國民党革命委員會, '민혁'으로 약칭), 중국민주동맹(中國民主同盟, '민맹'으로 약칭), 중국민주건국회(中國民主建國會, '민건'으로 약칭), 중국민주촉진회(中國民主促進會, '민진'으로 약칭), 중국농공민주당(中國農工民主党, '농공당'으로 약칭), 중국치공당(中國致公党, '치공당'으로 약칭), 구삼학사(九三學社), 타이완민주자치동맹(台灣民主自治同盟, '타이맹'으로 약칭)이 있다.

---

14. 위의 책, 1488쪽.

8개의 민주당파는 정당으로서 모두 자신만의 정치투쟁 역사가 있다.

이 8개의 민주당파는 치공당과 농공당을 제외하고는 모두 항일전쟁 기간이나 일본 투항 후에 설립된 것으로, 모두 자신만의 투쟁사를 가지고 있다. 중국국민당혁명위원회(中國國民党革命委員會)는 1947년 11월 홍콩에서 열린 중국국민당 민주파와 기타 애국 민주인사들의 첫 합동회의에서 비롯됐다. 1948년 1월 1일 회의에서는 중국국민당혁명위원회의 정식 설립을 선포했다. 창시자들로는 쏭칭링(宋慶齡), 허샹닝(何香凝), 리지선(李濟深)이다. 중국민주동맹(中國民主同盟)은 1941년 3월 19일 총칭(重慶)에서 비밀리에 결성됐다. 당시의 명칭은 '중국민주정단동맹(中國民主政團同盟)'이다. 11월 16일 장란(張瀾)이 총칭에서 중국민주정단동맹의 설립을 공식 선포했다. 1944년 9월 중국민주정단동맹은 총칭에서 전국대표대회를 열고 중국민주정단동맹의 이름을 '중국민주동맹'으로 바꾸기로 결정했다. 주요 창시자로는 황옌페이(黃炎培), 장란(張瀾), 선쥔루, 장버쥔(章伯鈞) 등이다.

중국민주건국회(中國民主建國會)는 1945년 12월 16일 애국적인 민족 상공인들 및 이들과 연계가 있는 지식인들이 발기해 총칭에서 발족됐다. 창시자는 황옌페이(黃炎培), 후줴원(胡厥文), 장나이치(章乃器), 스푸량(施复亮), 쑨치멍(孫起孟) 등이다. 중국민주촉진회(中國民主促進會)는 1945년 12월 30일에 상하이에서 정식으로 설립됐다. 주요 창시자는 마쉬룬(馬叙倫), 왕사오아오(王紹鰲), 저우젠런(周建人), 쉬광핑(許广平) 등이다. 중국농공민주당(中國農工民主党)의 전신은 중국국민당임시행동위원회(中國國民党臨時行動委員會)로서, 1930년 8월 9일 국민당 좌파 지도자인 덩옌다(鄧演達)가 상하이에서 주재한 제1회 전국간부회에서 발족했으며, 1935년 11월 10일 중화민족해방행동위원회(中華民族解放行動委員會)로 이름을 바꿨다. 또한 1947년 2월 3일 중국농공민주당(中國農工民主党)으로 당명을 바꿨다. 창시자로는 덩옌다(鄧演達), 황치샹(黃琪翔), 장보쥔(章伯鈞) 등이다. 중국치공당(中國致公党)은 화교단체가 발기한 것으로, 1925년 10월 미국 샌프란시스코에서 결성됐다. 치공당은 1947년 5월 홍콩에서 제3차 대표대회를 열고 신민주주의당으로 개편했다. 주요 창시자는 스투메이탕(司徒美堂), 천치유(陳其尤) 등이다. 구삼학사(九三學社)의 전신은 민주과학좌담회(民主科學座談會)로서, 1944년 진보적인 학자들이 항일전쟁 승리와 정치적 민주를 쟁취하고 5·4운동의 반제국주의 애국·민주·과학적 정신을 계승 및 선양하기 위해 충칭에서 결성했다. 1945년 9월 3일의 항일전쟁 및 세계 반파시스트 전쟁의 위대한 승리를 기념하기 위해 구삼학사(九三學社)로 재건했다. 1946년 5월 4일 충칭에서 정식으로 구삼학사(九三學社) 설립대회가 열렸다. 창시자로는 쉬더헝(許德珩), 판수(潘菽), 투창왕(涂長望) 등이다. 타이완민주자치동맹(台湾民主自治同盟)은 타이완 인민들의 '2·28'봉기 이후 애국주의운동에 종사하던 일부 타이완성 인사들이 1947년 11월 12일 홍콩에서 설립한 것이다. 주요 창시자로는 세쉐훙(謝雪紅), 양커황(楊克煌) 등이다. 이로부터 이 8개의 민주당파는 반제애국, 민주 쟁취와 반독재 투쟁에서 선후로 설립됐고, 중국의 기나긴 민주혁명, 사회주의혁명, 사회주의 건설과 개혁개방 과정에서 끊임없이 발전해 왔고, 중국 정치에서 독특한 역할을 하였음을 알 수 있다.

8개 민주당파는 모두 정당으로서의 건전한 조직 체계를 갖추고 있다.

민주당파들은 중앙조직·지방조직·기층조직 등 3개의 조직으로 구성되었다. 중앙조직은 보통 전국대표대회, 중앙위원회 및 그 상무위원회, 주석회의와 중앙감독기구 및 그 전문위원회로 구성되었다.

각 민주당파의 전국대표대회는 5년에 한 번씩 열리는 최고 지도기관이다. 전국대표대회는 보통 당의 중대 사항을 토론 결정하고 중앙위원회의 보고를 청취 및 심의하며, 정관을 개정하고 중앙위원을 선출한다. 중앙위원회는 전국대표대회의 결의를 수행하고, 당을 이끌어 나가며, 대외로 당을 대표한다. 중앙위원회의 직권은 중앙상무위원회의 보고를 청취 및 심의하고 당의 중대 결정을 토론 결정하며, 중앙위원회 주석과 부주석, 상무위원을 선출하는 것이다. 중앙상무위원회는 중앙위원회의 폐회기간 중앙위원회의 직권을 행사하며 당의 업무를 이끌어 나간다. 중앙위원회와 중앙상무위원회는 선거로 선출되며, 임기는 5년이다. 주석 부주석으로 구성된 주석회의는 중앙상무위원회 폐회기간이나 중앙위원회와 중앙상무위원회의 결정에 따라, 중앙의 일상적인 업무나 중대 사항을 주재한다. 각 민주당파의 중앙위원회는 모두 약간의 직능 부서와 약간의 전문 위원회를 설치한다. 이와 함께 각 당은 내부 감독을 강화하기 위해 중앙감독기구를 설치했다. 민주당파의 지방조직은 3개 급으로 나뉜다. 성급(성·자치구·직할시) 위원회, 성 직할시급(성·직할시·자치주·맹·직할시의 구) 위원회, 현급(현·기·현급 시·성 직할시의 구) 위원회가 있다. 타이완민주자치동맹(台灣民主自治同盟)의 지방조직은 2개 급으로 나뉜다. 즉 성급(직할시) 위원회와 성 직할시급(직할시 관할 구) 위원회가 있다.

민주당파의 기층 조직은 지부당원대회와 그에 따른 지부위원회이다. 그들은 당원이 소재한 부문이나 계통 혹은 지역에 따라 세워진다. 지부위원회, 총지부위원회, 기층위원회는 해당 당원대표대회에서 선출되며, 통상적으로 주임위원, 부주임위원 및 위원 몇 명을 둔다. 이들은 해당 위원회에서 선출되며 임기는 보통 3년에서 5년이다.

8개 민주당파는 모두 정당으로서 자신만의 사회적 기초와 정치적 영향 범위가 있다.

이들 8개 민주당파는 건전한 조직시스템이 있을 뿐만 아니라, 각자 발전역사가 다름으로 인해 특정 사회의 구성원들을 연계하는 정치적 영향권을 갖고 있다. 이들은 중국 민주정치 발전에서 없어서는 안 될 중요한 정치역량이다. 우리는 이미 각 민주당파가 애국의 진보사상을 가진 민족자산계급, 도시소자산계급과 지식인들로 구성되었다는 것을 알고 있다. 이 또한 그들의 계급적 기반이자 사회적 기반이다. 중국은 사회주의 개조를 거쳐 사회구조에 심각한 변동이 생겼다. 개혁개방 이후 중국 사회는 또 심각한 변동이 생겼다. 특히 사회주의 시장경제를 발전시키는 과정에서, 중국에서는 사영기업주와 프리랜서를 포함한 새로운 사회계층이 출현하였는데, 이들은 노동자 농민 지식인과 함께 단결하여 중국 특색의 사회주의를 건설하고 있다. 이에 따라 민주당파의 사회적 기반도 넓어졌다. 현재 각 민주당파는 일부 사회주의 노동자, 사회주의 건설자와 사회주의을 옹호하는 애국자들의 정치적 연맹이 되었다. 즉 민주당파는 기존 사회계층 외에도, 새로운 사회계층이 정치에 폭넓게 참여할 수 있는 통로를 마련한 셈이다.

　중국국민당혁명위원회(中國國民党革命委員會)의 구성원들은 주로 기존의 중국국민당과 관련이 있는 인사들, 중국국민당혁명위원회와 역사적으로 연계가 있었거나 사회적 연계가 있는 인사들, 타이완 각계와 연계가 있는 인사들 및 기타 인사들을 대상으로 하고 있으며, 그중에서도 특히 대표적인 중상층 인사와 중고급 지식인들을 중점적으로 받아들이고 있다.

　중국민주동맹(中國民主同盟)은 주로 교육사업과 문화·예술, 신문·출판 및 과학기술과 의료위생사업에 종사하는 중고급 지식인들로 구성돼 있다. 중국민주건국회(中國民主建國會)는 최초에 애국적인 민족공상업자 및 그와 연계된 지식인들이 발족한 것으로, 지금은 주로 경제계 인사와 기타 전문가·학자, 기업계 인사와 교육계·과학기술계·의료위생계 및 정부와 사법부문의 전문가 학자들로 구성돼 있다.

　중국민주촉진회(中國民主促進會)의 구성원은 교육·문화·출판 업계의 중고급 지식인이 주를 이룬다. 현재 이들 회원은 교육계와 문화·예술계, 과학기술계, 의료위생계, 경제계 및 정부기관에 분포돼 있다.

　중국농공민주당(中國農工民主党)의 구성원은 지금 의약위생 방면의 인구자원과 생태환경 영역의 중고급 지식인이 위주이다. 중국치공당(中國致公党)의 구성원은 현재 귀국한 화교와 화교 가족 중 중상층 인사들, 기타 해외 연계가 있는 대표적 인사들이 주축을 이룬다. 구삼학사(九三學社)의 구성원은 현재 과학기술계의 중고급 지식인 위주로 구성돼 있다. 타이완민주자치동맹(台湾民主自治同盟)은 현재 타이완 성

인사들로 구성됐다. 중국 대륙에 거주하는 타이완 성 인사들이 가입을 신청할 수 있다. 각 민주당파의 구성원 구성으로부터 볼 때, 우리는 그들이 연계하고 있는 사회 구성원들이 크게 네 부류임을 알 수 있다. (1) 옛 국민당이나 국민당과 역사적 연계가 있거나 사회적 연계를 맺고 있는 중상층 인물. (2) 영향력 있는 공상업 기업가들. (3) 문화지식계 각 영역의 비공산당원 중고급 지식인들. (4) 귀국 화교와 화교가족, 타이완 동포의 대표인물. 이들은 관련된 폭이 넓고 차원이 높은 특징이 있다. 이로부터 각 민주당파는 모두 중국정치에서 나름대로의 영향력을 행사하고 독특한 역할을 발휘하고 있다.

제2장

중국의 신형 정당제도

제2장
중국의 신형 정당제도

정당이란 무엇인가를 알고 나면, 더 나아가 정당제도에 대해 논의할 수 있고, 중국 각 정당의 발전역사와 현재 중국에 어떠한 정당이 있는가를 알고 나면, 더 나아가서 중국의 정당제도가 어떠한 곡절을 겪었는지를 이해할 수 있으며, 오늘날 중국에서 시행되고 있는 정당제도가 어떠한 것인가를 더 잘 알 수 있다.

정당제도란?

오늘날 중국에서 어떤 정당제도가 시행되고 있는지 파악하려면, 무엇이 정당제도인가 하는 기본적인 문제부터 짚어봐야 한다.

그러나 우리가 여기에서 정당제도란 무엇인가 하는 질문을 던진 것은 스스로 자신에게 함정을 판 거나 다름없다. 세상에는 하나의 통일된 '정당제도'의 틀이 있는 듯싶다. 그러나 사실 현대적 의미의 정당이 세상이 등장한 그 날부터 세상에는 여러 국가들에서 통용될 수 있는 통일적인 정당제도의 틀은 없었다. 근대 이래 세계 각 국에서 시행된 정당제도에는 소련처럼 일당제가 있는가 하면, 미국처럼 양당제가 있기도 하고 프랑스처럼 다당제가 있기도 하다. 각 나라의 정당제도는 모두 역사적으로 왕권정치, 전제통치, 식민통치에 반대하는 그들 나라의 투쟁 속에서 형성되었다.

영국은 최초의 정당 출현국이자, 최초의 양당제 도입국이다. 영국의 양당제 형성 역사를 살펴보면, 이런 정당제도는 완전히 영국의 자산계급혁명 속에서 점차 형성된 것임을 알 수 있다. 1640년 영국에 자산계급혁명이 일어났을 때만 해도 정당이 없었고, 왕권을 제한할 수 있은 것은 의회였다. 당시 신흥 자산계급과 봉건 전제통치의 투쟁은 의회에서 인클로저운동으로 형성된 자산계급화 된 신귀족과 구귀족 및 그 배후의 국왕 사이의 투쟁으로 나타났다. 의회에서 자산계급 신귀족은 전제정부와의 투쟁에서 승리했고 국왕 찰스1세는 수감되었다가 결국 단두대에 올랐다. 그러나 훗날 여러 나라들이 겪었듯이 영국 자산계급혁명도 혁명과 복벽, 내전과 배신 등 우여곡절을 겪었다. 그러다가 1688년 '명예혁명'이 일어나기 전에야 정당이 생겨났다. 당시 자산계급 신귀족들의 정치적 주장은 왕권을 제한하고, 제임스의 왕위계승권을 취소시키는 것이며, 카톨릭의 복원을 철저히 차단하는 것이었다. 그리하여 의회에는 지지자와 반대자 두 정치역량이 형성되었다. 신귀족의 정치적 주장을 지지하는 사람들은 '휘그당', 반대하는 사람들은 '토리당'으로 불렸다. 이 투쟁에서 자산계급 신귀족을 대표하는 휘그당과 토리당 구성원들 중 가톨릭에 반대하는 수도자와 봉건귀족들이 연합해 제임스 2세를 폐위시키고, 하원의 지위를 높이고 국왕의 권리를 제한하는 '권리장전'을 통과시켜 입헌군주제 영국을 건립하였다. 자산계급 신귀족은 이렇게 봉건귀족과 마찬가지로 영국의 지배계급이 되었다. 사실 '휘그당'과 '토리당'은 처음부터 완전한 의미에서의 정당이 아닌, 의회 투쟁에서의 두 정파일 뿐이었다. 게다가 '휘그'와 '토리'는 원래 욕설이었다. '휘그(Whig, 스코틀랜드 강도)'는 신귀족의 정치적 주장을 지지하는 사람들이 상대방으로부터 들은 욕설이었고 '토리(Tory, 카톨릭의 악당)'는 그와 반대이다. 두 계파 모두 상대방의 욕설을 당 명칭우로 자칭하였기에 '휘그'와 '토리'는 점점 더 많이 알려졌고, 그 후의 정치발전 과정에서 정당의 당명이 되어 버렸다. 정당이 생겨났다고 해서 바로 정당제도가 나타난 것은 아니었다. 영국은 1688년 '명예혁명'으로 제임스2세가 폐위된 후, 네덜란드에서 귀국한 윌리엄 3세가 국왕이 되었다. 새 국왕은 사람을 쓸 때 휘그당과 토리당에서 직할 행정기관인 추밀원의 대신을 뽑았다. 그러나 당파적 다툼이 잦아 행정효율이 떨어질 수밖에 없었다. 윌리엄 3세는 건의를 받아들여, 하원 다수당인 휘그당의 수장을 추밀원 대신으로 앉혔다. 이에 따라 행정기관과 의회의 관계가 원만해지면서 정부의 업무가 원활해졌다. 토리당이 선거에서 하원 다수당이 되자 국왕은 다시 토리당 당원을 추밀원 대신으로 임명했다. 이로써 사실상 양당이 번갈아 집권하게 됐다. 국왕은 추밀원의 중요한 대신들과 자주 중요한 사무를 상의하기 위해 또 내각을 구성하였고, 내각 대신은 건의를 제공하여 국왕이 채택할 수 있도록 하였다. 그 후 국왕이 하원 다수당의 지도자를 지명하여 내각을 구성도록 하였다. 내각제를 형성하면서 하원 다수당이 입법과 행정권을 장악해 진정한 집권여당이 될 수 있도록 하였으며, 이로부터 양당제가 완비해졌다.

1783년부터 1830년 사이에 영국 자본주의의 발달로, 지배계급 내부의 이해관계가 새롭게 바뀌면서 토리당은 보수당으로, 휘그당은 자유당으로 개칭했다. 이로써 보수당과 자유당의 경쟁이 새로운 양당 구도로 재편되었다. 1832년 영국은 선거제도 개혁 이후 보통선거권을 확대했고, 보수당과 자유당 양당은 표를 더 얻기 위해, 건전한 중앙조직과 지방조직이 있는 전국적 정당으로 한층 더 발전했다.

19세기 말, 20세기 초, 독점 자본주의가 자유 자본주의를 대체한 후, 보수당은 토지 귀족의 이익을 대변하는 정당에서 독점 자산계급의 이익을 대변하는 정당으로 변해갔다. 자유당은 점차 쇠락해 갔고 노동당이 부상했다. 1900년 2월 창립된 노동자대회(즉 노동조합)를 기반으로 한 영국 노동당은 1924년 처음으로 내각을 구성했다. 이때로부터 노동당과 보수당이 번갈이 집권하는 새로운 국면이 시작됐다. 여기에서 우리는 영국의 정당과 정당제도의 형성 및 완선 과정만 살펴봤다. 우리가 여기에서 더 나아가 미국·호주·캐나다·뉴질랜드 등 나라의 양당제 형성과 완선의 역사, 나아가 프랑스·이탈리아·벨기에·덴마크·네덜란드·노르웨이 등 나라의 다당제 형성과 완선의 역사를 살펴보면, 각 나라의 정당제도는 그 나라 역사발전 과정에서, 정치 경제발전에 직면해 있는 문제 및 요구되는 사상에 따라 점차 형성된 것임을 알 수 있다. 각 나라의 정당제도는 나라마다 다른데, 심지어는 완전히 다르다고도 할 수 있다. 일례로, 영국, 미국과 프랑스 등은 모두 자본주의 국가지만, 영국, 미국은 양당제를 실시하고, 프랑스 등은 다당제를 실시하는데 이처럼 정당제도는 나라마다 완전히 다르다. 양당제 국가에서는 보통 몇 년에 한 번씩 의회 선거나 대통령 선거를 치르고, 의회에서 다수 의석을 얻거나 혹은 대통령에 당선된 정당이 집권당이 돼 정부를 구성한다. 경선에서 실패한 정당은 정부에 참여하지 못하고 의회에서 야당이 된다. 다당제 국가에서는 경선에서 각 정당이 단독 또는 연합으로 의회 선거나 대통령 선거에 출마할 수 있으며, 의회에서 다수 의석을 차지한 한 정당이 정부를 구성하거나 혹은 몇몇 정당이 연합으로 정부를 구성할 수 있다. 여기서 정부에 참여한 정당이 바로 여당이다. 소수 의석만 차지했거나 정부에 불참한 정당은 야당이다. 또한 영국과 미국은 모두 양당제 국가이기는 하지만, 영국은 의회 내각제의 양당제를 실시하는데, 의회, 특히 하원에서 다수 의석을 차지하는 정당이 여당이 된다. 여당은 행정 권력뿐만 아니라 입법권도 장악하고 있다. 미국은 대통령제 양당제로서, 대선에서 승리한 정당이 집권 여당으로 된다. 하지만 집권 여당은 행정권만 있을 뿐 입법권은 없다. 입법권을 가지고 있는 국회 하원은 대선에서 패배한 당이 다수 의석을 차지할 가능성이 크다. 이로부터 우리는 현대적 의미에서의 정당이 생기면 반드시 정당제도가 생기기 마련이고, 이러한 정당제도는 각 나라가 정치발전의 실질적 필요에 의해 역사적으로 형성된 것이지, 선험적으로 설계되어 나온 것이 아니며, 더욱이는 통일적인 '정당제도' 양식이 있는 것이 아님을 알 수 있다. 이러한 인식의 토대가 마련되면 본론으로 들어가 '정당제도란 무엇인가'를 논의해 볼 수 있는 것이다.

정당은 사람들의 연합체일 뿐만 아니라 사회 각 계층을 결속하고 국가의 정치 사무에 참여해야 하기 때문에, 일정한 제도를 통해 정당의 존재와 활동방식을 규범화할 수밖에 없다. 그러자면 사회·정치 발전과정에서 정당의 존재와 활동을 규범화하는 전문적인 제도를 만들어 이에 상응하는 정당제도를 형성할 것을 필요로 한다. 세계적으로 일부 국가는 헌법으로 어떤 정당제도를 시행하는가를 규정했고, 또 일부 국가는 전문적인 '정당법'을 제정하여, 정당제도에 대해 법률적으로 확정하고 규범화하였다. 또 일부 국가는 법률적 규정은 없지만, 정치적 문서가 있거나 혹은 모두가 함께 지키는 정치적 운영의 관례가 있다. 즉 나라마다 정당제도가 다르고 통일적인 양식은 없지만, 정당제도는 확실히 필요하다는 얘기다. 정당제도는 확실히 정당 없이는 있을 수 없다. 그러나 모든 정당들이 다 '제도' 내의 정당이 될 수 있는 것은 아니다. 만약 "미국에 정당이 몇 개 있는가"하고 질문한다면 대부분 사람들은 아마 "민주당과 공화당 두 정당이 있다"고 대답할 것이다. 하지만 미국에는 공화당과 민주당 외에도 중국인들에게 비교적 익숙한 미국공산당이 있다. 미국공산당은 제2차 세계대전 후 한동안 활동이 금지된 바 있지만 지금은 금지령이 해제되었다. 관련 자료에 따르면, 현재 활동 중인 정당은 공화당, 민주당, 미국공산당 외에도 녹색당, 시민당, 민주사회주의자모임(사회당 국제 구성원 소속) 등이 있다. 그러나 우리는 일반적으로 미국의 정당제도를 양당제라고 부른다. 영국도 최초의 양당제 국가라 해서 양당만 있는 것은 아니다. 1980년대 말까지 영국에는 보수당과 노동당 양대 정당 외에 사회자유민주당, 사회민주당, 영국공산당, 협력당, 웨일스민족당,

스코틀랜드민족당, 민족전선 및 영국혁명공산주의동맹 등이 있었다. 하지만 영국의 기본적인 정치구도는 여전히 양당제이다. 미국과 영국 같은 전형적인 자본주의 국가에서 모든 정당이 다 선거에 참가하고 권력을 거머쥘 수 있는 것은 아니다. 이는 정당제도가 정당과 관련이 있기는 하지만, 한 나라의 모든 정당이 공유하는 제도가 아니고, 양자는 관계가 매우 복잡하다는 것을 설명한다. 이는 정당제도를 논하기에 앞서 우리가 먼저 설명하고 이해해야 할 것들이다.

정당제도란 무엇인가에 대해 학계에는 통일된 정의가 없다. 일반적으로 정당제도는 국가가 법적으로 인정하는 정당이 국가별 역사·문화 특성과 정치생활의 요구에 따라, 국가 정권체계에서 법적으로 형성된 지위 및 상호관계를 말한다. 여기에서 '국가가 법적으로 인정하는 정당'을 강조하는 것은 합법적인 정당이 있어야만 정당제도를 수립할 필요가 있기 때문이다. 이는 정당제도 시행의 전제이다. 세계 많은 국가들에는 법률적으로 인정하지 않는 정당과 사회단체들이 있다. 이런 정당과 사회단체들이 사회활동을 한다고 해도 그것은 불법이다. 또한 이러한 정당은 '제도'의 범위에 속하지 않는다. 정당제도가 "국가별 역사 문화적 특성과 정치생활의 요구에 따른다."고 강조하는 것은 주로 오늘날 세계 각국이 각자의 역사 문화적 특성과 정치생활의 요구에 따라 정당의 위상과 역할을 달리하고, 각자 다른 정당제도를 채택하고 있기 때문이다. 이는 국가별로 정당제도가 다른 원인이다. 정당제도가 "국가 정권체계에서 법적으로 형성된 지위 및 상호관계"라고 강조하는 것은, 한 국가에 많은 정당이 있기는 하지만 모든 정당이 다 여당이 될 수 있는 것은 아니며, 그들은 국가 정권체계에서 여당 혹은 연립 여당, 반대당 혹은 야당이 될 수 있으며, 각 정당의 지위 및 상호관계는 모두 법에 따라 형성되기 때문이다. 이것이 바로 정당제도의 본질이다. 여기에서 말하는 '전제'와 '원인', '본질'을 이해하면 '정당제도'가 무엇인지 알 수 있는 것이다.

양당제 다당제는 중국의 숙명

국제 교류에서는 "당신들 중국은 왜 양당제나 다당제를 실시하지 않느냐"는 얘기가 심심찮게 나온다. 사실 중국은 이런 정당제도를 실행하지 않은 것이 아니라, 실행했지만 모두 실패했다. 신해혁명은 중국 근대사에서 비교적 완전한 의미에서의 자산계급혁명이다. 신해혁명 이후 민국 초기는 중국에서 정당이 급성장한 역사적 시기이자 양당제 다당제 의회제 대통령제 내각제를 진지하도록 추진한 서구 민주정치의 실험시기였다. 그러나 이 모든 시도와 실험은 아주 빨리 실패하고 말았다. 신해혁명 후, 중화민국 초기에는 쑨중산이 임시 대통령직을 맡았던 난징(南京) 임시정부 시절과 위안스카이가 임시 대통령으로 있던 베이징 임시정부 시절을 거쳤다. 이 두 기간의 역사에서 중국은 서구의 민주정치 실험을 하여 되돌아보고 총체적으로 결산해 볼 가치가 있는 많은 역사적 경험을 남겼다.

중화민국 난징 임시정부 시절의 대통령제와 양당제

서구의 일부 사람들이 중국의 정당제도에 대한 오해나 공격은 보통 왜 양당제나 다당제를 실시하지 않는가 하는 문제에 집중되곤 한다. 그러나 그들은 중국에서 정당이 형성 발전하는 역사과정에서 양당제 다당제와 같은 정당제도는 물론 의회제, 대통령제, 내각제 등 서구에서 성행하는 정치제도를 모두 시행해 보았지만 성공하지 못했다는 것을 알지 못한다. 게다가 이러한 실패가 기술적 원인이 아니라, 중국의 풍토에 맞지 않아 실행될 수 없음을 모르고 있다.

신해혁명 후, 쑨중산은 동맹회 고위층과의 논의 끝에 중화민국은 대통령제를 실시하기로 결정했다. 1912년 1월 1일 '공화 만세' 속에서 쑨중산은 임시대통령 취임 선서를 하고, 국호를 '중화민국'으로 정한다고 정하여, '중화민국'의 탄생을 공식 선포했다. 이어 '임시정부 조직 대강'에 따라 임시정부의 행정기구를 구성하고, 임시 참의원을 조직하여, 법규와 법령을 반포하고 내정을 정돈하며 사회 개혁에 힘썼다. 그리하여 혁명 후 전 사회에는 새로운 기상이 나타났다. 그러나 쑨중산을 비롯한 혁명당 내부는 곧바로 분열되고 말았다. 당시 위안스카이로 대표되는 북양군벌, 즉 북양파는 난징 임시정부를 버리고 베이징에 새 정부를 수립하려 했고, 위안스카이를 지지하는 쪽에는 구 관료와 오랫동안 .혁명당 사람과 대립해 온 입헌파 외에도 동맹회의 혁명당원들도 있었다. 동맹회 내부에서는 혁명 성공 후, 서양의 정당제도를 모델로 혁명정당을 없애고 경선 형 정당을 만들자는 주장도 나왔다. 이처럼 영향이 큰 사회 사조는 혁명당 사람들의 분화를 심화시켰다. 동맹회 회원이며 쑨중산 대통령궁 추밀(樞密) 고문인 장타이옌(章太炎)은 신해혁명 성공 후 한 정당으로 정부를 구성하면 인심이

와해될 것이라며 "혁명군으로 일으킨 후에는 혁명당을 사라지게 해야 한다(革命軍起, 革命党消)"는 슬로건을 공개적으로 제시했다. 이 정치적 주장을 실천하기 위해 그는 1912년 1월 3일 상하이에서 장젠(張謇)과 함께 중화민국연합회를 결성했고, 3월 2일에는 연합회를 당으로 이름을 바꿔 정식으로 통일당을 결성했다. 동맹회 내부에서도 쑹자오런을 비롯한 혁명당원들은 무장혁명은 이미 끝났으니 공개 정당으로 바꾸고 헌법 국회 운동에 종사하며 국민을 대표해 정부를 감독하는 위치에 있어야 하는 만큼 당이 계속 비밀 성격을 띠는 것은 바람직하지 않다고 주장했다. 3월 3일 동맹회는 비밀적인 혁명단체에서 공개 정당으로 바뀌었다. 이렇게 해서 중화민국 난징 임시정부가 수립된 지 얼마 되지 않아 동맹회와 중화민국연합회(통일당)라는 두 개의 영향력이 큰 정당이 형성되었다. 중화민국연합회(통일당)와 동맹회는 여러 사안에 대해 서로 다른 정견을 펴는 경우가 많았고, 동맹회 사람들이 정부의 권력을 거의 장악하고 여당의 모습으로 나타났기 때문에 중화민국연합회(통일당)는 내각에 들어간 당원이 있기는 했지만 사실상 야당이었다. 그리하여 당시 양당제를 실시한다고 말하진 않았지만 사실상 양당제 정치구도가 형성됐다. 게다가 당시 쑨중산을 대표로 하는 동맹회 혁명당 사람들은 서구 정치, 특히 미국 정치의 영향을 많이 받았으므로 주관적으로 양당제의 정치구도를 받아들일 수 있었다. 이러한 양당제 정치 구도는 객관적으로 위안스카이에게 상당히 유리한 정치 국면을 형성해 주었다. 당시는 청나라 황제가 퇴위하기 전이였으므로, 쑨중산을 비롯한 동맹회·혁명당 사람들은 위안스카이를 비롯한 옛 관료들과 청나라 황제 퇴위 후의 권력 이양, 정부의 수도 정립 등 문제를 놓고 싸워야 했으며, 또 장타이옌(章太炎)을 비롯한 중화민국연합회(통일당)의 견제도 받아야 했다. 당시 구 관료·입헌당인·혁명당 사람 등 많은 사람들 속에서는 중화민국 대통령은 "위안스카이 외에는 적합한 사람이 없다."는 정치적 분위기가 신속하게 형성되었다. 위안스카이로 대표되는 북양파는 이 정치적 각축에서 자연스레 승자가 됐다. 청나라 황제가 1912년 2월 12일 퇴위를 선언하자, 쑨중산은 13일 약속대로 임시대통령 직에서 물러나고 위안스카이를 추대했다. 위안스카이는 15일 참의원에서 신임 임시대통령으로 선출됐다. 얼마 후 북양군벌의 대표이자 정치 군사 강자인 위안스카이는 쑨중산이 그를 임시대통령으로 추대할 때 제시했던 조건들을 뒤집고 1912년 3월 10일 베이징에서 임시대통령 취임식을 가졌다. 이로써 중화민국 난징 임시정부는 쑨중산이 권력을 위안스카이에게 내주는 것을 기점으로 정식 종결되었고, 사실상의 양당제 정치 구도도 이로써 종결되고 말았던 것이다.

중화민국 베이징 임시정부 시기의 내각제 의회제 다당제.

쑨중산은 임시 대통령직을 사임하기 전 「중화민국 임시약법」을 공포해, 대통령제를 책임내각제로 바꿈으로써 대통령의 권한을 약화시켜 위안스카이의 독점하려고 한 권한을 제한하려 했다. 위안스카이는 임시대통령으로 당선된 초기, 혁명당 인들과 갈등이 끊이지 않았지만, 실업의 발전, 화폐제도 통일, 근대화한 사법과 교육제도의 창설 등에서 많은 일을 해, 혁명당 사람들 중 많은 사람들이 그에게 환상을 품게 했다. 위안스카이와 그를 비롯한 북양군벌들은 이런 정세를 이용해 점차적으로 권력을 움켜잡기 시작했고, 많은 문제들이 내각을 통과하지 않은 채 대통령궁을 통해 결정지어졌다. 또한 핵심 위치에 자신의 심복들을 앉히고, 국회마저 협박하였으나 .혁명당 사람들이 장악한 내각과 국회는 어찌할 방법이 없었다. 심지어 동맹회 회원이 담당한 국무총리와 내각의 각료와 의원들까지 하나둘씩 쫓겨나면서도 대응할 방법이 없었다. 이렇게 하여 중국 같은 나라에서는 내각제·의회제가 위안스카이와 같은 정치 군사적 강자를 제약할 수 없다는 사실이 증명됐다.

혁명당 사람들은 내각제뿐 아니라 양당제와 다당제에도 연연해하였으며, 국회 선거에서 이기기만 하면 집권 여당의 명의로 내각을 구성하고 정권을 잡을 수 있다고 여겼다. 위안스카이가 정권을 잡았을 초기, 혁명당 사람들은 단순하게도 서양식 민주, 특히 정당정치를 실행할 수 있는 조건이 성숙되었다고 여겼다. 베이징과 상하이 등 많은 지방에서는 당을 결성하는 붐이 일어났으며, 국회선거에서 의석을 확보하여 입각하기를 기대했다. 당시 우후죽순처럼 생겨난 정당들은 분리와 통합을 거듭했다. 동맹회 내에서 의회제에 열중했던 쑹자오런은 사람들에게 정당선거의 경쟁을 통해 정당으로 내각을 구성하여 정부를 보완할 수 있다고 생각했다. 이렇게 당을 결성하는 풍조 속에서 일부 영향력 있는 정당들이 나타났다. 그중 영향력이 큰 정당으로는 국민당, 공화당, 통일당, 민주당 및 위안스카이 정부의 승인을 받지 못한 사회당이 있었다. 그리하여 사실상 다당제의 정치 구도가 이루어졌다. 공화당은 1912년 5월 9일 상하이에서 "위안스카이를 옹호하고 쑨중산을 반대하는 민사(民社, 1912년 1월 상하이에서 설립), 국민협진회(國民協進會, 1912년 3월 톈진에서 설립), 민국공회(民國公會, 1912년 1월 상이에서 설립), 국민당(國民党, 동명의 다른 당. 1912년 3월 상하이에서 발기), 통일당(統一党, 1912년 1월 상하이에서 설립된 중화민국연합회에서 비롯됨) 등 다섯 당파가 합병하여 이루어진 것이다. 하지만 공화당이 결성된 지 열흘도 안 된 17일 통일당이 퇴출을 선언했다. 5월 말 공화당 본부는 상하이에서 베이징으로 이전했으며, 임시참의원에서 국민당에 이어 두 번째로 많은 의석을 차지한 제2의 정당이 됐다. 통일당은 난징 임시정부시기의 주요 야당으로 베이징 임시정부시기 독립적으로 행동하며 .혁명당 사람과 북양파 사이에서 중도적 지위를 유지하기 위해 공화당에 가입했다가 탈퇴했다. 실제로 이당은 조직 개편을 거듭하면서 나날이 북양군벌로 기울어갔는데, 그일례로 위안스카이를 명예 이사장으로 추대한 점을 들 수 있다.

민주당은 1912년 9월 27일 베이징에서 공화건설토론회(共和建設討論會, 1912년 4월 상하이에서 설립), 국민협회(國民協會, 1912년 1월 상하이에서 설립), 국민신정사(國民新政社), 공화통일회(共和統一會), 공화촉진회(共和促進會), 공화구진회(共和俱進會合) 등이 합병하여 이루어진 것이다. 민주당 중진은 청나라 입헌파 인물들이며, 량치차오(梁啓超)가 그들의 정신적인 지도자였다. 그 외 당시 중국사회에서 아주 영향력이 컸던 당으로는 중국사회당이 있었다. 당시 중국사회당의 주장이 위안스카이 정부에 받아들여지지 않았으므로, 베이징 내무부는 1912년 7월 18일과 8월 23일 두 번에 걸쳐 「중화민국 임시약법」의 "인민은 사유재산을 보장할 자유가 있다."는 규정 등에 저촉된다는 내용의 공문을 보냈다. 이 때문에 이 당의 활동은 정부의 입안 승인을 받지 못했다. 1913년 8월 7일 위안스카이는 중국사회당이 "내란죄를 범했다."는 이유로 "엄격히 조사 단속하라."는 명령을 내렸다.

국민당과 통일당, 그리고 민주당의 이 같은 통합과 탈퇴는 모두 1912년 말부터 1913년 초의 국회 양원과 지방 성(省)의회 선거가 목표였다. 정치적 성향에서 "위안스카이를 반대하는 것"과 "위안스카이를 옹호하는 것"을 경계로 국민당, 공화당, 통일당과 민주당은 양대 정치 진영으로 분화되었다. 그 후 공화당, 통일당, 민주당이 1913년 5월 29일 진보당으로 합병하여(일부 공화당인들이 퇴출하여 새 공화당을 조직함), 위안스카이를 추종하는 데 진력했다. 재미있는 것은 이렇게 당을 결성하는 왁자지껄한 환경 속에서 위안스카이와 그의 북양군벌은 직접 당을 결성하지 않고, 공화당·통일당·민주당과 이 세 당이 합병한 진보당을 지지하여 국민당과 맞섰다. 위안스카이와 그의 북양 군벌은 정당정치에 관심이 없었다. 그들은 공화당·통일당·민주당 및 이 세 당이 합병한 진보당을 지지하기는 했지만 역시 이용하는 데에 불과했다. 위안스카이는 권력이 공고해지자 곧 그들을 버렸다. 이는 대통령제를 실행하든 아니면 내각제를 실행하든, 혹은 양당제를 실행하든 아니면 다당제를 실행하든 결국은 '실패'하게 됨을 근본적으로 결정했던 것이다.

위안스카이를 필두로 한 북양파와 국민당을 대표로 하는 혁명당 사람들의 모순은 국회선거 뒤 끝내 폭발하고 말았다. 「중화민국 임시약법」에 따르면, 약법 시행 후 10개월이 지나면 의원 선거를 마치고 국회를 소집해야 했다. 이를 위해 1912년 8월 베이징 임시 참의원은 「중화민국 국회조직법」, 「참의원 의원 선거법」, 「중의원 의원 선거법」 등 법안을 통과시켰다. 이는 중국에서 수천 년 만에 처음으로 한 국회선거인만큼 선거자격이 있는 유권자들이 앞 다투어 참여함으로써 전체 인구의 10%인 4,000만 명 이상이 등록했다. 국민당, 공화당, 통일당, 민주당은 선거기구를 구성했을 뿐만 아니라, 부정선거 수단을 동원하는 등 표심 잡기에 나섰다. 선거 결과는 국민당이 완승했다. 중의원 선거에서 국민당이 269석을 얻었으며, 공화당, 통일당과 민주당이 총 154석을 획득했다. 그 외 초당파 인사가 147석을, 무소속 인사가 26석을 얻었다. 참의원 선거에서 국민당이 123석을 얻었으며, 공화당, 통일당, 민주당이 총 69석을, 초당파 인사가 38석을, 무소속 인사가 26석을 얻었다. 국민당은 선거에서 대승을 거두었지만 국회 양원에서 모두 과반수를 차지하지는 못했다. 하지만 다른 당을 크게 제치고 국회 제1당이 되었으므로 합법적인 내각 구성권을 얻었다. 정당선거를 강력히 추진하여 집권 여당의 지위를 얻으려 했던 쑹자오런은 이 결과에 매우 감격했으며, 자신의 정치 이상이 곧 실현될 수 있을 것이라고 여겼다. 그러나 1913년 4월 8일에 열린 제1회 국회의 베이징 개막을 앞두고, 3월 20일 밤 상하이에서 기차를 타고 북상하여 국회에 참가하려고 했던 쑹자오런은 기차역에서 자객으로부터 총격을 당했다. 그는 병원으로 긴급 이송됐지만 치료가 효과를 거두지 못하고 22일 새벽 31세의 나이로 사망했다. 사후에 쏭자오런은 위안스카이의 지시로 총살되었다는 증거가 많이 나왔다. 이 총성은 국민당에 엄청난 타격을 주었으며, 동시에 중국 민족자산계급의 서양식 민주를 이룩하려던 꿈을 완전히 깨뜨려버렸다.

쑨중산은 위안스카이에게 권력을 넘겨준 뒤 그가 꿈꾸던 실업계획을 실행하는 데 주력했고, 국민당 당무는 쏭자오런에게 맡겼었다. 쏭자오런의 피살과 위안스카이의 연관성이 드러나자 쑨중산은 그동안 정세 판단이 잘못되었다는 것을 깨달았다. 그리하여 쑨중산과 국민당 사람들이 위안스카이와의 갈등은 급속도로 격화되었다. 국민당 내부에서 아직 적지 않은 사람들이 "법률적 해결"을 통해 위안스카이와의 갈등에 대처하려 했지만, 위안스카이의 압박이 심해짐에 따라 쑨중산은 혁명당 사람들이 이제 더 물러설 수 없다는 것을 깨닫게 되었다. 결국 국민당 고위 지도자들은 장시(江西), 장쑤(江蘇), 상하이, 안훼이(安徽), 광동(广東), 푸젠(福建), 후난(湖南), 쓰촨(四川) 등지에서 위안스카이를 토벌하는 '2차 혁명'을 벌이기로 의견을 모았다. 그러나 위안스카이와 북양군벌은 벌써부터 각지에서 "위안스카이 토벌군"에 대해 "반란을 진압한다."는 명목으로 무장 진압할 준비를 갖추고 있었다. 1913년 7월부터 9월까지 진행된 '2차 혁명'은 북양군벌의 공격으로 곧바로 실패하고 말았다.

'2차 혁명' 실패 후, 위안스카이는 권력을 집중하는데 박차를 가하여, 국회에서 자신을 대통령으로 선출할 것을 압박했으며, 국민당의 해산과 국민당 소속 의원의 자격을 박탈하는 명령을 내렸다. 더 나아가서는 국회를 해산하고 국회의원의 직무를 정지키셨다. 결국 「중화민국 약법」으로 「중화민국 임시약법」을 대체하고, 내각제를 대통령제로 바꾸었으며, 대통령의 권한을 확대해 대통령이 제왕이 아닌 제왕이 되도록 했다. 역사적으로 보면, 신해혁명 이전의 무술변법(戊戌變法) 시기, 캉여우웨이(康有爲)와 량치차오(梁啓超)가 추진한 입헌군주제가 실패했고, 신해혁명 이후 수립된 중화민국 난징임시정부로부터 베이징임시정부 시기, 중국 민족자산계급이 대대적으로 진지하게 추진했던 헌정 대통령제 각제 의회제 양당제와 다당제를 포함한 서구의 민주정치 실험은 모두가 잠깐 나타났다가 사라지는 국면이 되었다. 이것이 바로 서구 민주정치가 중국에서 맞이한 운명이었으며, 이것이 바로 양당제와 다당제가 가져야 했던 중국에서의 역사적 숙명이었다.

한 가지 더 논의해야 할 것은 정당제도를 포함한 서구 민주정치의 실험이 왜 중국에서 실패했는가 하는 것이다.

"그건 더 말할 필요도 없이, 이런 서구식 정치제도가 중국의 실정에 맞지 않았기 때문이었다."라고 일부 사람들은 말할 수 있을 것이다. 얼핏 들어보면 이런 대답은 틀리지 않다고도 볼 수 있다. 예전의 중국 사람들도 "귤이 회하 남쪽지방에서 자라면 귤이 되고, 회하 북쪽지방에서 자라면 탱자가 된다.(橘生淮南則爲橘, 生于淮北則爲枳.)"고 했는데, 오늘날 사물의 보편성과 특수성의 관계를 잘 아는 사람들이야 더 말할 것도 없다. 하지만 "중국의 국정에 적합하지 않다."는 것이 도대체 무슨 말인지는 따져볼 필요가 있다. 과거 위안스카이를 옹호했던 사람들도 공화제가 중국의 실정에 맞지 않으니 군주제를 복벽(復辟)시켜야 한다고 했었다. 당시 큰 영향력을 미쳤던 「공화와 군주론」(1915년 8월 3일 베이징의 『아시아일보』에 발표됨)은 "중국은 수천 년 동안 군주 독재정치에 익숙해졌으며, 학교가 부족하여 대다수 사람들의 지식수준이 그다지 높지 않아 정부의 일에 대해 관심이 없었다. 그러므로 정치를 연구할 능력이 없는 것이다. 4년 전에 전제(專制)에서 공화(共和)로 일변한 것은 정말 급작스러운 일로, 좋은 결과를 기대하기 어렵다."고 했다. 그 결론을 보면, "중국이 군주제를 실행하는 것이 공화제를 실행하는 것보다 바람직하다는 데에 이견이 없다."는 것이었다. 이 글의 저자는 위안스카이의 법률고문이자 미국 헌법 행정학 전문가인 구드노였다. 당시 위안스카이는 그를 만나, 공화와 군주라는 두 가지 국가형태의 우열과 어느 것이 중국에 더 적합한 지를 비교 평가하는 비망록을 만들어 정부가 참고할 수 있도록 해 달라고 요청했다. 이에 구드노는 개인 의견 비망록을 만들어 위안스카이에게 제공했다. 그러나 그는 이 비망록이 바로 중국어로 번역돼 「공화와 군주론」이라는 제목으로 발표될 줄은 몰랐다. 이 글은 중국 정치 문제에 관한 구드노의 일관된 주장과 일치한 점도 있고, 그가 강조한 입헌군주제가 위안스카이의 군주독재와 다른 점도 있지만, 그래도 위안스카이에게 이용당했다. 후에 그가 해명 성명을 냈지만, 구드노와 「공화와 군주론」이라는 글은 중국 근대사에서 위안스카이의 군주제 복벽과 연결되는 오명을 남겼다. 사실 구드노의 관점보다는 위안스카이가 왜 이 글을 이용했는가를 더 중시해야 한다. 이 글의 관점이 위안스카이의 마음에 들게 된 것은 공화제가 중국에 적합하지 않다는 것이 위안스카이 복벽의 중요한 이유가 될 수 있기 때문이었다.

우리가 보건대, 근대이래 봉건주의에 반대하는 서구의 자산계급 혁명과정에서 형성된 자유·평등·박애 이념과 공화제·정당제도 등 민주제도는 모두 인류문명의 성과로서 역사적 지위와 가치를 지니고 있다. 이 모든 것은 민족 독립과 인민해방을 쟁취하려는 중국 인민에게 있어서 매우 중요한 의의가 있다. 마오쩌동은 "중국에는 부족한 것이 많지만, 중요한 것 두 가지가 부족하다. 그중 하나는 독립이고, 다른 하나는 민주이다. 이 두 가지 중에서 어느 하나가 없어도 중국의 일은 해결하기 어렵다. 그러나 이 두 가지 외에도 중국에는 두 가지가 더 있다. 더 있다고 하는 다른 두 가지란 무엇인가? 하나는 제국주의의 압박이고, 다른 하나는 봉건주의 압박이다. 이 두 가지가 더 많기 때문에 중국은 반식민지, 반봉건 국가가 되었다. 지금 우리 국민이 필요로 하는 것은 주로 독립과 민주이므로 우리는 제국주의를 파괴하고, 봉건주의를 파괴해야 한다. 그것들을 단호하게 철저히 파괴해야지 결코 용납해서는 안 된다."[15]고 했다. 이와 함께, 우리는 세상에서 아무리 좋은 것이라 해도 중국의 국정에 부합해야 하고, 중국 인민의 민족독립 쟁취와 인민해방을 위한 투쟁에서 중국의 구체적 실제를 결합해야 하며, 이러한 결합 속에서 자신만의 창조를 할 수 있어야 한다는 걸 실천 속에서 알게 되었다.

그리하여 우리에게는 두 가지 "중국 국정 적합론"이 존재하게 되었

---

15. 위의 책, 2권, 731-732쪽.

다. 위안스카이가 강조한 "중국 국정 적합론"은 "중국의 국정"을 구실로 역사의 흐름에 역행하는 것이고, 우리가 강조하는 "중국 국정 적합론"은 역사의 수레바퀴가 중국 국정에 부합되는 궤도 위에서 쾌속적으로 전진할 수 있게 하기 위한 것이다. 이것이 바로 우리가 "정당제도를 포함한 서구 민주정치의 실험이 왜 중국에서 실패하게 되었는가?"하는 문제를 논할 때 먼저 알아두어야 할 기본 도리이다.

우리가 보기에 정당제도를 포함한 서구 민주정치의 실험이 중국에서 실패하게 된 원인은 주로 세 가지가 있다.

그 중 하나는 중국의 반민주적인 힘이 막강하다는 점이다. 중국이 현대 정당제도를 포함한 현대 민주정치제도를 건립할 때, 제국주의 봉건주의 그리고 후에 형성된 관료자본주의라는 세 개의 큰 산을 마주해야 했다. 봉건주의와 관료자본주의는 민주 정치와 현대 정당제도의 천연적인 적으로, 위안스카이가 그 대표적인 인물이다. 제국주의는 외래 자본주의로서 중국에 이익을 약탈하기 위해 온 것이지, 중국에 자본주의를 발전시키기 위해 온 것이 아니다. 그런 만큼 그들은 필연코 중국 본토의 봉건주의와 결합하게 된다. 동시에 그들은 봉건주의와 함께 극력으로 관료자본주의를 키우려고 하게 된다. 쑨중산이 신해혁명 후 중화민국 난징임시정부를 수립하고 나서 재정과 외교적 승인 등에서 직면한 대내외적 난국, 그리고 위안스카이에게 정권을 내주지 않을 수 없었던 것은 모두 그가 직면한 적이 외부로는 열강, 내부로는 군벌이 너무 강했기 때문이었다. 마오쩌동은 신해혁명의 역사적 경험을 정리하면서, "쑨중산은 개량파보다 한 걸음 크게 더 나아갔다. 그는 공개적으로 자산계급의 혁명을 호소했으며, 청나라 통치를 무너뜨리고 2000여 년 동안 중국에서 실행되어 온 봉건군주제를 끝나게 하였으며, 중화민국과 임시혁명정부를 수립하고 「임시약법」을 제정하였다. 신해혁명 후부터는 그 누구든 다시 황제가 되려고 하는 것은 불가능한 일로 되었다. 그러므로 우리는 신해혁명이 위대한 역사적 의의가 있다고 말하는 것이다."[16]라고 하였다. 그러나 "신해혁명은 청나라 정부만 무너뜨렸을 뿐 제국주의와 봉건주의의 억압과 착취는 무너뜨리지 못했다."[17]고 말했다. 쑨중산과 쑨중산의 그 후의 혁명실천은 제국주의와 봉건주의가 지배하는 반식민지 반봉건 국가에서 현대 정당제도를 포함한 현대적 의미에서의 민주정치를 수립하는 것은 쉬운 일이 아님을 거듭 확인시켜 준다. 중국에서 온 사회의 힘을 동원하지 않고, 철저한 인민대혁명을 거치지 않고 "세 개 큰 산"의 억압을 무너뜨리지 않고, 현대 정당제도를 포함한 현대적 의미의 민주정치를 수립한다는 것은 그 혁명 열정이 아무리 충만해도 공상에 지나지 않는 것이다. 중화민국 초년의 정당정치를 포함한 민주정치의 실천, 즉 난징임시정부 시절 실시한 대통령제와 사실상의 양당제, 혹은 베이징임시정부 시절 실시한 내각제와 사실상의 다당제는 모두 제국주의와 봉건주의 세력을 한 몸에 아우르는 위안스카이의 북양군벌 앞에서는 결코 대적할 상대가 못되었으며, 심지어 매우 취약하기까지 하여 단 한 번의 충격에도 견디지 못함을 보여줬다.

---

16. 위의 책, 6권, 345-346쪽.
17. 위의 책, 4권, 1511쪽.

다른 한 가지 원인은 중국 민족자산계급의 연약함에 있다. 중국의 강력한 반민주적 역량과 반대로 신해혁명을 이끈 중국 민족자산계급은 너무도 연약했다. 아편전쟁 후 외국 자본주의의 침입은, 한편으로는 중국의 자급자족 자연경제의 기초를 파괴하고, 도시 수공업과 가정 수공업의 파괴를 가져왔으나 다른 한편으로는 중국 도농 상품경제의 발전을 촉진시켜, 중국에서 자본주의 생산의 발전에 일부 객관적인 조건과 가능성을 가져왔다. 외국 자본주의가 중국에 침입한 목적은 봉건적인 중국을 자본주의 중국으로 만들려는 것이 아니라, 그들의 반식민지 혹은 식민지로 만들려는 것이었다. 이 때문에 중국의 민족자본주의가 그 틈새에서 성장한다는 것은 매우 어려운 일이었다. 신해혁명 이후에야 실업을 대대적으로 주창했던 쑨중산의 추진으로 비교적 빠른 발전기를 맞이하게 되었다. 전반적으로 중국의 민족자본주의 경제는 매우 낙후되어 있었다. 1913년 중국 현대 공업기업은 698개, 자본 총액은 3억 3,082만 위안(元), 전체 노동자는 27만 명에 불과한 것으로 추정된다. 이런 낙후된 경제상황은 중국의 민족자산계급이 혁명적인 면과 연약성을 동시에 지니게 만들었다. 이는 신해혁명 이후 동맹회의 일부가 혁명당 대열에서 분화되어 위안스카이를 직간접적으로 지지한 데서 잘 드러나고, 쑨중산, 황싱(黃興), 쑹자오런 등 동맹회(국민당) 지도부가 위안스카이에 대해 환상을 갖고 타협을 거듭한 데서 잘 드러난다. 이런 상황에서 이들이 추진 및 시행한 양당제 다당제를 포함한 서구식 민주는 반짝했다가 실패로 귀결될 수밖에 없다.

또 다른 원인은 정당제도를 포함한 서구식 민주정치의 폐단에 있다. 정당제도를 포함한 서구식 민주정치가 중국에서의 실험이 실패하게 된 것은, 양측의 역량 대비가 지나치게 현격하고, 중국 민족자산계급이 선천적으로 연약한 것 외에 또 다른 근본적인 원인이 있다. 즉 서구식 민주정치, 특히 정당제도가 실천 속에서 그 본질 및 폐단을 드러냈기 때문이다. 중화민국 난징임시정부가 갓 수립되자마자 "혁명군이 일어나 혁명당을 사라지게 해야 한다.(革命軍起, 革命党消)"는 목소리와 여론이 나왔다. 이 관점의 요점은 동맹회와 같은 혁명당의 '혁명적' 성격을 없애고, 경선을 주요 취지로 하며, 다른 정당의 제약을 받는 경쟁형 정당으로 개조해야 한다는 것이었다. 이런 사조와 여론 속에서 동맹회에 맞서는 정당을 건립하였으며, 또 동맹회의 공개화와 함께 그 혁명성을 약화시켰다. 정당 경선을 위해 각 정당들은 당을 결성한 뒤 또 통합해야 한다는 고조를 일으키면서 당의 순결성은 외면한 채 도처에서 사람을 불러 모음으로써 표심 잡기에 혈안이 되었다. 동맹회처럼 "민족주의, 민권주의, 민생주의" 이상을 위해 분투했던 혁명당도 경선형 정당으로 전환하는 과정에서는 더 이상 원래의 혁명당이 아니게 되었다. 양당제든 다당제든 명분은 정당 간 제약을 강화하기 위한 것이라고 했지만, 사실상에서는 당파 간 권력 다툼을 격화시켰다. 당파 간 이런 정쟁으로, 당파의 이익이 국가 이익이나 국민 이익보다 더 커졌고, 민족주의·민권주의·민생주의와 같은 '주의'들은 구호나 겉치레에 불과하게 되었다. 예를 들면, 중화민국 수립 초기, 쑨중산을 대표로 하는 혁명당 사람들의 주요 적수는 위안스카이를 대표로 하는 북양군벌이었다. 하지만 난징 임시정부 내부의 당파 싸움으로 인해 반대파들은 위안스카이와 맞서는 것보다도 쑨중산을 제약하는 것에 더 주력했다. 이는 객관적으로 위안스카이를 도와준 셈이 되었으며 중국의 진보발전을 가로막았다. 1840년 아편전쟁이래, 수많은 시련을 겪어온 중국사회에서 정치인들에 대한 최소한의 요구는 바로 국민의 이름으로 자신의 권력과 이익을 다투지 말라는 것이었다. 신해혁명 이후 정당제도의 실험은 양당제와 다당제가 국민보다는 당파를 위해 이익을 다툰다는 것을 간파해 낸 중국인이 점점 더 많이 늘어났다. 동맹회의 원로이자 우창(武昌)봉기의 참가자인 차이지민(蔡濟民)은 위안스카이가 임시대통령으로 취임하자 「서분(書憤)」이라는 이름난 시를 썼다.

> "풍운이 변화무쌍하거늘, 호랑이를 막았더니 늑대가 들어왔네, 피 흘리고 목숨 바쳐 싸웠더니 가짜 공화를 사온 셈이 되었지. 함께 싸워온 이들마저 금전에 넘어갔으니 다른 날 종족이 망한들 누가 가엽게 여기랴? 청 왕조를 돌이켜 보노라니 부끄럽기 그지없어라. 나는 어디서 미치광인 척 하는 걸 배워야 할까?(風云變幻感滄桑, 拒虎誰知又進狼. 无量頭顱无量血, 可怜購得假共和. 同仇或被金錢魅, 异日誰怜种族亡? 回憶滿淸漸愧死, 我從何處學佯狂)"

이 시는 정당제도에 대해서는 분명한 평가를 하지는 않았지만, 혁명가들이 신해혁명 실패 후의 "가짜 공화에 대한 탄식과 함께 싸워 온 이들이 금전에 넘어간 데 대한 분노"를 읽을 수 있다.

중국공산당의 다당파 연합정부에 대한 주장.

중화민국 초년의 민주정치 실험에서 실패한 후, 쑨중산이 사망한 후의 국민당은 민주의 기치를 들기는커녕, 북양군벌 정부와 싸워 승리한 후 북양군벌 정부의 독재의 형식을 이어받아 국민당 일당 독재의 난징정부를 수립했다. 일부 사람들은 역사적 사실을 외면하고, 시비를 가리지 않고, 중국공산당이 서구식 정당제도를 실행하지 않는다고 비난한다. 하지만 이런 비난은 전혀 일리가 없는 것이다. 중국 근대사에서 진정으로 중국 인민의 민주주의를 위해 분투한 것은 중국공산당이고, 진정으로 중국에서 현대 정당제도를 실행한 것도 중국공산당이다. 중국공산당과 중국의 정당제도의 관계를 논할 때, 중국공산당이 창립된 후 북양군벌의 독재를 반대하는 투쟁에서 얼마나 기여했는가에 대해서는 차치하고, 북양군벌 정부 후의 20여 년 동안 독재정부인 국민당이 1927년 혁명을 배반하고 수립한 난징정부라는 것에 대해 더 말하지 않아도, 중국공산당은 1921년에 창립된 후부터 중국의 민주화를 위해 희생을 무릅쓰고 불굴의 분투를 해왔다. 여기에서 짚고 넘어가야 할 점은, 1944년 항일전쟁 승리를 앞두고 중국공산당은 평화와 민주에 대한 중국 인민의 기대를 고려해 다당파 연합정부라는 정치적 주장을 한 적 있다는 것이다. 그러나 이 주장은 오랫동안 독재 통치를 해 온 장제스 국민당정부의 반대로 실행되지 못했다. 중국공산당이 '다당파 연합정부'를 주장한 것은 당시 중국 인민의 민주에 대한 기대를 반영한 것이었다. 1943년 세계 반파시스트 전쟁이 전략적 역공에 들어가면서 중국의 항일전쟁도 전략적 방어에서 전략적 역공으로 전환하는 과도 단계로 접어들었다. 항일전쟁의 승리를 맞이하기 위하여 중국에서는 민주운동이 날로 고조되어 갔다. 1943년 10월 초순 국민당 제5기 중앙집행위원회 제11차 전체회의에서 국공관계의 '정치적 해결'을 표명한 것에 대해 마오쩌둥은 "언제든 양당 간 협상을 재개할 용의가 있다"고 했다. 1944년 5월 초부터 양당 대표들이 시안(西安)에서 협상을 재개했다. 이후 다시 총칭(重慶)으로 건너가 협상을 계속했다. 중국공산당 중앙위원회는 국내 민주운동이 고조되었으므로, 국민당에 민주를 실행할 것을 요구하고, 일당 독재를 폐지하며, 국민당 정부를 개편하여 민주연합정부를 수립할 수 있는 시기가 무르익었다고 보았다. 8월 17일, 마오쩌둥은 둥삐우(董必武)가 저우언라이(周恩來)에게 보낸 전보문에서 "장쥐(張左)와 각 당파 연합정부에 관련해 상의해야 한다."[18]라는 지시를 내렸다.

9월 1일 마오쩌둥은 중국공산당 제6기 중앙위원회 제7차 전체회의 의장단회의에서 "각 당파 대표회의를 소집해 연합정부를 수립하고, 공동 항일하여 앞으로 나라를 세워야 한다'는 당 중앙의 주장에 대해 설명했다. 이에 앞서 마오쩌둥은 8월 23일 미군 관측팀의 존 세빌스(John S.Service)와 국공 관계 문제에 대해 "국공 관계가 중국 문

---

18. 『毛澤東年譜(1893-1949년)』 중, 중앙문헌출판사, 2005, 536쪽. 장(張)은 장란(張瀾)을, 쥐(左)는 쥐순성(左舜生)을 가리킴.

제를 해결하는 관건이다. 우리 공산당원들은 내전의 쓰라린 경험을 잘 알고 있다. 내전은 중국에서 장기간의 파괴와 혼란을 의미하며, 중국의 통일, 극동지역의 안정 및 경제발전이 모두 지연됨을 의미한다."고 말했다. 그는 세빌스에게 중국공산당의 다당파 연합정부 구성에 대한 구상을 이야기했다. "국민정부는 즉각 임시(혹은 과도적인) 국민대회를 열어 모든 단체의 대표들이 참가하도록 초청해야 한다. 인원 배분에 있어서 확실한 타협은 국민당이 대표자 수의 절반을 차지하며, 기타 대표자들이 다른 절반을 차지하며, 장제스가 임시 대통령으로 확정되어야 한다. 이번의 임시 국민대회는 헌법이 통과될 때까지 정부를 개편하고, 새로운 법령을 제정하는 전권을 유지할 수 있어야 한다. 임시 국민대회는 선거를 감독하고 국민대회를 소집해야 한다."[19]고 말했다. 마오쩌동은 미국이 국민당 정부에 영향력을 미칠 수 있기를 희망했다. 마오쩌동을 대표로 하는 중국공산당의 이런 정치적인 주장은 당파의 이익만 고려하지 않고, 인민·민족과 국가에 대해 책임지는 태도에서 나온 것이다.

  각 당파 연합정부의 수립을 추진하기 위해, 중국공산당 중앙위원회는 9월 4일 총칭에 있는 린버취(林伯渠), 동삐우(董必武), 왕뤄페이(王若飛)에게 전보를 보내 국민당은 국민정부를 개편하고 연합정부를 수립하는 것에 대한 구상을 제출하라고 했다. 15일 린버취는 제3기 국민참정회의 제3차 대회에서 공산당을 대표해 발언할 때, 이번 대회에서는 국공협력, 국시(國是)대회 개최, 각 당파 민주연합정부 수립 등

19. 위의 책, 539쪽.

의 문제를 중점적으로 논의해야 한다고 공식 제안했다. 린버취는 오직 국민당의 정치, 군사기구를 단호히 바꿔야만 전국의 인민을 단결시켜 반격할 수 있는 역량을 잘 준비할 수 있으며, 일본 침략자를 철저히 물리치고 독립, 자유, 민주, 통일, 부강한 신 중국을 건립할 수 있다고 했다. 그러므로 당장 비상국시회의를 소집해 국민정부의 개편과 각 당파 연합정부의 구성문제를 논의해야 한다고 했다. 이어서 공산당은 국민당 당국에 각 당파 연합정부 수립방안을 서면으로 제출했다. 마오쩌둥은 중국의 민주화를 더욱 진전시키기 위해, 9월 27일 "린버취가 기초한 왕스제(王世杰)·장즈종(張治中)에게 보내는 편지 답장"에서 "현재 시국을 만회할 수 있는 유일한 방법은 국민정부와 국민당이 즉각 일당 독재를 종식하고, 현재의 국민정부가 전국 각 항일당파, 항일부대, 각 지방정부, 각 민중단체의 대표를 소집해 비상국시회의를 열고, 각 당파 연합정부를 수립하며, 이 정부가 군사·정치 경제 문화 각 방면의 철저한 개혁을 위한 새로운 정책을 선포하여 실행해야 할 것"[20]이라고 했다.

중국공산당의 각 당파가 찬여하는 연합정부 수립에 대한 주장은 국내외에서 큰 반향을 일으켰다. 각 민주당파와 각계 민주인사들은 중국공산당의 주장에 동조하는 글을 잇달아 발표했다. 10월 10일 중국민주동맹은 "항일전쟁 최후 단계에 있어서의 정치적 주장"이라는 글에서 즉각 일당 독재를 끝내고 각 당파의 연합정권을 수립해 민주 정치를 실시해야 한다고 주장했다. 이로부터 중국공산당의 각 당파

---

20. 『毛澤東文集』 3권, 앞의 책, 1996년, 214쪽.

가 참여하는 연합정부 수립의 주장은 광범위한 인민의 진실한 바람을 보여준 것이고, 민주당파와 민주인사들을 폭 넓게 결집시키는 일이었으며, 중국 인민에 대한 국제사회의 각종 동정과 지지를 얻었으며, 정치적으로 장제스의 국민당 정부를 한층 더 고립시켰음을 보여준다. 그러나 장제스 국민당은 의견을 받아들이지 않고 한사코 자기의 고집대로만 하면서 인민민주주의의 역사적 흐름을 거부하였다. 장제스는 1943년 3월 10일에 출판한 『중국의 운명』이라는 글에서 "하나의 당, 하나의 주의, 하나의 영수"라는 전제주의를 공개적으로 내세웠으며, 심지어 행정수단을 동원해 국민이 반드시 이 글을 읽도록 강요했다. "하나의 당, 하나의 주의, 하나의 영수"라는 이 책의 주장은 공산주의를 반대하였을 뿐만 아니라 자유주의도 반대하여, 중국공산당·서남연합대학 교수 위주의 지식인들·영국·미국 등 서구 대국 등 세 측면으로부터 비판에 직면하게 되었으며, 과거 장제스에게 호감을 가졌던 지식인들도 실망하게 만들었다. 중국공산당과 장제스 국민당 간의 투쟁은 당파적 이익이 아닌 "두 가지 중국의 운명"에 관한 투쟁이며, 그 핵심 문제는 "각 당파가 참여하는 연합정부의 수립이냐, 아니면 국민당 일당 독재냐?" 하는 것이었다.

"각 당파가 참여하는 연합정부 수립을 추진하는 것"은 중국공산당이 항일전쟁 승리 전후의 복잡한 정세에 대응하는 구체적인 강령이었다. 1945년 2월 3일 마오쩌동은 중국공산당 제6기 중앙위원회 제7차 전체회의 의장단 회의에서 "지난해 9월 연합정부를 수립하자는 주장이 옳았다."[21]고 했다. 그는 3월 31일의 중국공산당 제6기 중앙위원회 제7차 전체회의에서도 "오랫동안 마땅한 구호를 찾지 못했는데 이제 연합정부라는 구호가 생기게 되어서 좋다. 연합정부는 구체적인 강령으로, 통일전선 정권의 구체적인 형식이다. 이 구호가 제기되자 충칭(重慶)의 동지들은 보물이라도 얻은 것처럼 좋아했고, 인민대중도 매우 옹호한다."[22]고 말했다.

마오쩌둥은 이 구체적인 강령을 보다 체계적으로 밝히기 위해, 1945년 4월 23일 열리는 중국공산당 제7차 전국대표대회에서 정치보고의 형식으로 연합정부에 관한 문제를 전적으로 다루기로 했다. 마오쩌둥의 「연합정부를 논함」이라는 보고는 다섯 가지 중대한 문제를 논했다. (1) 중국 인민의 기본 요구. (2) 국제 정세와 국내 정세. (3) 항일전쟁에서의 세 가지 노선. (4) 중국공산당의 정책. (5) 전 당이 단결하여 당의 임무를 실현하기 위해 투쟁해야 한다는 것이었다. 마오쩌둥은 또 보고에서 연합정부를 수립함에 있어서의 '두 단계'의 절차를 제시했다. 첫 절차는 국민당, 공산당, 민주동맹, 무소속 대표들이 연합으로 구성된 임시 중앙정부를 세우는 것이다. 두 번째 절차로는 격의 없는 선거를 거쳐 국민대회를 열고 본격적인 연합정부를 출범시키는 것이다. 이 주장을 보면, 정당제도에서 완전히 서구식 양당제나 다당제가 아니라, 다당제와 비슷하면서도 당시 중국의 실제에서 출발한 다당파 연합정부를 수립하는 형식이었다.

---

21. 『毛泽东年谱(1893-1949년)』 중, 앞의 책, 576쪽.
22. 위의 책, 586-587쪽.

마오쩌둥은 왜 이런 주장을 펼쳤을까? 그는 이것은 "중국 인민의 기본 요구"라고 했다. 즉

"전 세계적으로 파시스트를 반대하는 신성한 정의의 전쟁이 이미 결정적 의미를 가지는 승리를 거두었고, 중국 인민이 동맹국과 협력하여 일본 침략자를 물리칠 시기도 눈앞에 다가왔다. 하지만 중국은 여전히 단결하지 못하고 있으며 여전히 심각한 위기를 겪고 있다. 이런 상황에서 우리는 어떻게 해야 할 것인가? 중국은 각 당파와 무소속 대표들을 단결시켜 민주개혁을 실행해, 민주적인 임시 연합정부를 수립함으로써 현재의 위기를 극복하고, 중국 전역의 항일 역량을 동원 및 통일하여 동맹국과의 강력한 협력 작전을 전개해, 일본 침략자를 물리치고 중국 인민을 일본 침략자의 손에서 해방시켜야 한다는 데 이견이 없다. 그런 다음 광범위한 민주적 토대 위에서 국민대표대회를 열어 보다 광범위한 각 당과 당파 및 무소속 대표들이 연합적 성격의 민주적인 공식 정부를 수립하고, 전국의 인민을 이끌어 중국을 독립, 자유, 민주, 통일, 부강한 새로운 나라로 만들어야 한다. 한마디로 말해서 단결과 민주노선을 걸으며 침략자를 물리치고 신 중국을 건설해야 한다."[23]는 것이었다.

---

23. 『毛澤東文集』 3권, 1991, 1029-1030쪽.

동시에 이것은 얄타회의 정신이기도 했다. 마오쩌둥은 1945년 8월 16일 「장제스 대변인 담화에 대한 논평」에서 1945년 2월 11일 소련 미국 영국 3국의 얄타회의 성명을 인용한 바 있다. 그는 "'내부의 평화 상태를 확립하고', '임시 정부를 수립해 민중의 모든 민주인사 대표들이 폭넓게 참여할 수 있도록 하고, 가능한 한 신속하게 자유선거를 거쳐 국민의 의지에 책임지는 정부를 수립하라'는 것이 크림에서 소·미·영이 한 말이다. 중국공산당이 바로 이런 주장을 견지하고 있다. 이것이 바로 '연합정부'에 관한 주장이다"[24]라고 했다. 중국공산당의 '연합정부' 수립은 말뿐이지 실제로 이런 다당파 연합정부를 만들려는 것이 아니라는 의혹도 제기되었다. 하지만 이는 전혀 이치에 맞지 않는 의심이다. 마오쩌둥은 중국공산당 전국대표대회에서 연합정부 수립에 대해 명백히 밝혔는데, 이는 중국공산당의 건국강령인 것이다. 당 대표대회 보고를 그냥 말해 보는 데에 불과하다고 하는 것은 아주 무책임한 말일 뿐만 아니라, 말도 안 되는 얘기다. 마오쩌둥이 당시의 중국공산당 제7차 전국대표대회에서 연합정부에 대한 내부 설명을 읽어보면 마오쩌둥과 중국공산당의 이런 주장이 얼마나 진정성 있는 것인지를 알 수 있다. 그는 내부 설명에서 다음과 같이 말했다.

"연합정부는 세 가지 가능성이 있다. 그중 하나는 나쁜 것,
우리가 원하지 않는 것일 가능성이 있다. 즉 군대를 넘겨주

---

24. 위의 책, 4권, 1151쪽.

고 벼슬을 하는 것이다. 군대는 당연히 넘겨줄 수 없다. 하지만 정부가 여전히 독재통치를 실시한다면 우리는 벼슬을 할 것인가, 하지 말 것인가? 이에 대해 우리는 벼슬을 할 것이라고 홍보하지도 말고 거절하지도 말아야 하며, 이런 가능성에 대비해 준비를 해 둬야 한다. 그 나쁜 점은 독재정권에서 벼슬을 한다는 것인데, 이것은 대중에게 설명할 수 있는 것이기도 하다(양보하기 위해서일 뿐 이 정부에 대해서는 찬성하지 않는다고 할 수 있다). 그러나 좋은 점도 있다. 홍보작업을 할 수 있다는 점이다. 다른 한 가지 가능성은, 장제스를 필두로 하여 형식은 민주이고, 해방구를 인정하면서도 실질은 장제스의 독재정부로 남게 된다는 것이다. 제3의 가능성은 우리가 중심이 되는 것이다. 우리에게 150만 군대와 1억 5000만의 인민이 있게 되면 장제스의 역량이 축소 약화될 수 있다. 연합정부를 수립할 수 없을 때에는 이렇게 해야 한다. 이는 중국 정치발전에서의 기본 흐름이고 규칙이며, 우리가 건설하려는 나라가 바로 이런 것이다."[25]

이 내부 설명은 마오쩌둥과 중국공산당이 '다당파 연합정부'의 공산당에 불리한 가능성을 포함한 모든 가능성을 다 염두에 뒀음을 보여준다. 그래도 진정성이 없단 말인가? 그러나 장제스 국민당정부의

---

25. 위의 책, 3권, 1996, 277쪽.

목적은 공산당을 소멸시키는 것이었으므로 '연합정부'의 이러한 결과에 결코 만족할 수 없었다. 그들은 역사의 흐름에 역행하여 공산당과의 합의를 파기하고, 1946년 6월 반혁명적이고 반인민적인 내전을 개시했다. 그 결과 장제스 국민당 정부는 3년 만에 완전히 실패했고, 마오쩌동이 예견한 '제3의 가능성'이 출현했다.

우리가 양당제나 다당제를 실시하지 않는 것을 두고 이른바 '독재'를 위한 것이라는 의혹을 제기하는 사람들이 있다. 그러나 정작 중국에서 독재를 실시한 것은 장제스의 국민당이었다. 당시 중국공산당은 "다당파 연합정부" 수립을 주장했고, 장제스의 국민당은 "하나의 당, 하나의 주의, 하나의 영수"라는 주장을 내세웠다. 이 두 가지 주장을 보면, 어느 것이 민주적이고 어느 것이 독재인지 한눈에 알 수 있지 않은가? 흥미롭게도 지금 중국에 다당제 등 서구 민주정치를 실시해야 한다고 떠벌리고 있는 사람들이 과거에는 "다당파 연합정부"가 아닌, 반민주적인 "하나의 당, 하나의 주의, 하나의 영수"라는 독재정부를 지지했다는 점이다. 중국의 민주문제에 대해 얘기하든, 아니면 중국의 정당제도에 대해 논의하든 이러한 역사는 잊지 말아야 하며, 역사를 외면해서는 안 되는 것이다.

중국공산당이 영도하는 다당 협력과 정치협상제도.

역사는 다양한 역량으로 이뤄진 '합력(合力)'에 의해 발전했다. 중국에서 민주제도와 정당제도의 형성과 발전에는 다양한 역량이 작용했다. 여기에는 중국공산당과 중국 인민, 각 민주당파, 그리고 장제스의 국민당, 미국을 포함한 국제사회의 역량 등이 있다. 이런 역량의 '합력'에 힘입어 중국공산당이 영도하는 다당 협력과 정치협상제도가 만들어졌다. 여기에서 말하는 다양한 역량에는 민주연합정부 수립을 주장하는 중국공산당, 중국민주동맹을 대표로 하는 민주당파와 무소속 민주인사, 그리고 일당 독재를 고집하는 장제스의 국민당, '중재자'로 나선 미국정부 등이다. 미국정부는 항일전쟁 승리 전 '두 중국의 운명'을 결전하는 고비에 서 있는 중국의 정황에 가세했다. 당시 헐리(Hurley)가 미국 대통령 개인 대표 자격으로 중국에 와 옌안(延安)을 찾았다. 그는 마오쩌둥, 주더(朱德), 저우언라이(周恩來)와 사흘간 회담하면서 중국공산당의 연합정부 주장에 동조하여 마오쩌둥과 "중국 국민정부: 중국국민당과 중국공산당 협정(초안)"에 서명했다. 그러나 장제스에게 이 협정이 거부당하자 옌안(延安)에서의 약속을 깨고 공개적으로 장제스의 편에 섰다. 장제스의 국민당이 중국공산당과 각 당파가 참여하는 연합정부 주장을 부정하고 내전을 감행하여 "하나의 당, 하나의 주의, 하나의 영수"라는 정치적 주장을 무력으로 실현하려고 하자, 중국공산당은 하는 수 없이 방어전에 나서야 했다. 그러자 미국정부는 다시 1945년 12월 마셜(Marshall)을 중국에 보내 '중재'에 나섰다. 하지만 장제스 국민당이 공산당과의 휴전협정, 그리고 각 파에서 공동으로 채택한 정치협상 합의를 파기함으로써 마셜(Marshall)도 풀이 죽어 중국을 떠났다. 민주당파의 경우 이들 중 일부 지도자와 무소속 민주 인사들이 중도 노선을 주장하며 국민당과 공산당 사이에서 제3의 길을 열려고 했다. 그러나 장제스 국민당이 민주인사를 폭행·감시·체포·살해하는 참극이 잇따랐다. 특히 1947년 10월 27일 장제스의 국민당이 중국민주동맹을 불법단체로 선포하자 가혹한 현실 앞에서 그들은 국민당의 진면목을 간파하고 이른바 '중간노선', '제3의 길'은 중국에선 통하지 않는 환상이라는 것을 깨닫게 되었다. 이처럼 다양한 역량의 '합력'이 작용하여, 중국 정치에 역사적인 지각 변동이 일어나게 되었던 것이다.

중국공산당은 인민 민주를 수호하는 확고한 역량으로서, 장제스 국민당이 일으킨 반인민적인 내전에 직면하여, 한편으로는 용감하게 자아 방어를 하여 해방구에 대한 국민당 군대의 전면적인 공격과 중점적인 공격을 분쇄했고, 나아가 이러한 자아 방어 전쟁을 인민해방전쟁으로 전환시켰다. 그리고 또 한편으로는 국민당 통치구에서 제2의 전선을 개척하여 인민대중을 이끌고 반 기아 반 박해운동을 전개하여 가장 광범위한 인민민주통일전선을 공고히 하고 확대해 나아갔다. 인민해방전쟁이 전략적 방어에서 전략적 진공으로 바뀌면서 전쟁터에서 중국 인민에게 유리한 근본적인 변화가 일어나자 중국공산당은 '중국인민해방군 선언'을 통해 "장제스 타도, 중국 전역 해방"을 외쳤다. 중국공산당이 전국의 정권을 탈환할 수 있는 여건이 성숙했다고 판단했던 것이다. 중국공산당이 어떤 경로로, 어떤 형태로 새 정권을 수립할 지에 대한 전 국민적 관심이 집중되고 있는 가운데, 1948년 4월 30일 중국공산당은 유명한 '5·1 구호'를 발표했다. 중국공산당은 "각 민주당파, 각 인민단체, 각 사회 현달(賢達,현명하고 사물의 이치에 통하는 사람)들이 신속히 정치협상회의를 소집하여 인민

대표대회 소집과 민주연합정부 수립을 논의하여 실현하자"[26]고 호소
했다. 이로부터 (1) 중국공산당이 수립하려는 새 정권은 여전히 연합
정부이며, (2) 중국공산당은 정치협상회의 개최–인민대표대회 소집–
민주연합정부 수립 등 3단계를 거쳐 새 정권을 수립할 것을 구상하고
있음을 알 수 있었다. 즉 중국공산당은 이미 갖추고 있는 무장 실력
이나 전장에서의 우세로 일당 독재 정권을 수립하려는 것이 아니라,
중국 각 민주당파와 함께 '민주연합정부'라는 새 정권을 수립하겠다
는 것이었다. '5·1구호' 발표함과 동시에 마오쩌둥은 1948년 5월 1일
리지선(李濟深) 중국국민당 혁명위원회 중앙집행위원회 주석, 선쥔루
중국민주동맹 중앙집행위원회 상무위원에게 편지를 보내 "현 상황에
서 인민대표대회를 소집해 민주연합정부를 수립하고, 각 민주당파 및
인민단체들의 상호협력을 강화하며, 민주연합정부의 시정강령을 제
정하는 것이 필요하며, 또한 시기도 무르익었다고 생각합니다. 국내의
많은 민주 인사들도 이미 이 같은 요구가 있으니 두 분 형장께서도
동감일 것이라 생각합니다. 그러려면 각 민주당파, 각 인민단체의 대
표들을 불러 회의를 열어야 합니다. 이 회의에서 상술한 문제들을 토
론, 결정해야 합니다. 이 회의를 정치협상회의라고 이름을 붙이는 것
이 적절할 것 같습니다. 미 제국주의를 반대하고 장제스를 반대하는
민주당파와 인민단체들이 모두 대표를 파견해 참가할 수 있습니다.
각 민주당파나 인민단체에 속하지는 않지만 미 제국주의를 반대하
고 장제스를 반대하는 사회 현달(賢達)도 이 회의에 초대할 수 있습니

---

26. 『人民政协重要文献选编』 상권, 中国文史出版社, 2009, 1쪽.

다. 이 회의의 결정은 각 주요 민주당파와 인민단체의 합의를 이끌어 내야 합니다. 좋기는 전원 일치를 이끌어 내야 합니다."[27]라고 말했다. 같은 날 중국공산당 중앙위원회는 상하이와 홍콩 지국에 각 민주당파와 중요 인민단체의 대표들을 해방구로 초청해 정치협상회의를 열도록 지시했다. 이때 '모든 미 제국주의와 장제스를 반대하는 민주당파, 인민단체'와 '각 민주당파와 인민단체에 속하지는 않지만 미 제국주의를 반대하고 장제스를 반대하는 사회 현달'과 공동 협상을 거쳐 인민대표대회를 소집해 수립한 '민주연합정부'는 이미 마오쩌둥이 '연합정부를 논함'에서 밝힌 연합정부와 다르다는 것을 알 수 있다. 즉 국민당과 이들을 추종하는 당파가 포함되지 않은 연합정부인 것이다. 마오쩌둥은 이 연합정부를 '민주연합정부'라고 불렀다.

5월 5일, 중국국민당혁명위원회(中國國民黨革命委員會), 중국민주동맹(中國民主同盟), 중국민주촉진회(中國民主促進會), 중국치공당(中國致公党), 중국농공민주당(中國農工民主党), 중국인민구국회(中國人民救國會), 중국국민당민주촉진회(中國國民党民主促進會), 삼민주의동지연합회(三民主義同志聯合會) 등 민주당파와 무소속 민주인사들이 공동으로 중국공산당 중앙위원회에 전보를 보내 '5·1구호'를 옹호하고 지지한다고 밝혔다. 중국민주건국회(中國民主建國會), 타이완민주자치동맹(台湾民主自治同盟), 구삼학사(九三學社) 및 관련 인민단체, 해외 화교단체, 무소속 민주 인사들도 전국을 향해 공개 전보를 보내거나 성명을 발표함으로써 중국공산당 중앙위원회의 '5·1구호'에 찬성한다고 밝혔다. 1948년 가

27. 『毛澤東文集』 5권, 人民出版社, 1996, 90쪽.

을부터는 베이핑(北平, 지금의 베이징), 상하이, 홍콩 등지에서 민주당 지도자와 무소속 민주 인사들이 속속 해방구인 하얼빈(哈爾濱)에 도착하기 시작했다. 중국공산당 중앙위원회 대표단은 11월 25일 이들과 협의해 새 정치협상회의 발기회의 설립과 새 정치협상회의의 성격과 임무 등에 대해 의견을 모았다. 베이핑(北平) 평화 해방 후, 각 민주당파 지도자와 무소속 민주인사들은 하얼빈(哈爾濱) 등지에서 베이핑(北平)으로 이동해 새 정치협상회의의 준비작업에 참여했다.

중국공산당은 원래 민주당파 지도자들과 무소속 민주인사들이 하얼빈(哈爾濱) 해방구에 도착한 뒤 이곳에서 정치협상회의를 열겠다는 구상이었다. 그러나 해방전쟁 형세의 급속한 발전으로 국민당 군대가 대패하면서 대부분의 중국이 신속하게 해방되어 새로운 정권을 수립해야 하는 절박한 상황이 되었다. 그러나 서남과 동남연해의 일부 섬들은 아직 해방이 안 되었기에 보통선거로 인민대표를 선출할 수 있는 조건이 되지 못했다. 이런 상황에서 정치협상회의를 통해 건국할 수 있다는 민주당파 지도자들의 건의가 중국공산당에 전달됐다. 마오쩌둥과 중국공산당 중앙위원회는 이 건의를 수용하면서도 신 중국은 각 당파의 수십 명 지도자들로만 건립할 수 없다고 하면서 대표적으로 인민대표대회와 같은 정치협상회의를 열어야 한다고 주장했다.

1949년 6월 15일부터 19일 각 당파와 각계 인사 대표들이 참여한 가운데 새 정치협상회의가 베이핑(北平)에서 제1차 전체회의를 열고 마오쩌둥, 주더, 리지선 등 21명으로 발기회 상무위원회를 구성했다. 상무위원회는 마오쩌둥을 주석으로, 저우언라이(周恩來), 리지선(李濟

深, 중국국민당혁명위원회 주석), 선쥔루(沈鈞儒, 중국민주동맹 부주석), 궈모뤄(郭沫若, 무소속 인사), 천수퉁(陳叔通, 무소속 인사)을 부주석으로 선출했다. 회의에서는 상무위원회 산하에 6개 팀을 설치해, 정치협상회의 참가 부문(단체·조직) 및 대표 정원을 결정하고, 신정치협상회의의 조직 조례의 초안을 잡고 공동강령의 초안을 잡으며, 중화인민민주공화국 정부 방안을 제정하며, 선언을 기초하고 국기 국가(國歌) 및 국장 방안을 제정하기로 했다.

철저한 준비 끝에, 1949년 9월 21일부터 30일까지 중국인민정치협상회의 제1기 전체회의가 베이핑에서 성대하게 열렸다. 이번 회의는 민주적인 방식으로 '중국인민정치협상회의 공동강령'과 기타 문건을 채택하고, 정치협상회의 전국위원회와 중화인민공화국 중앙인민정부를 선출하여 중화인민공화국의 창립을 선포하였다. 이번 성회에는 중국공산당 외에 11개 민주당파가 참여했다. 이들은 중국국민당혁명위원회, 중국민주동맹, 중국민주건국회, 중국민주촉진회, 중국치공당(中國致公党), 중국농공민주당(中國農工民主党), 구삼학사(九三學社), 타이완민주자치동맹(台灣民主自治同盟) 및 중국인민구국회(中國人民救國會), 삼민주의동지연합회(三民主義同志聯合會), 중국국민당민주촉진회(中國國民党民主促進會, 중화인민공화국 창립 이후 삼민주의동지연합회, 중국국민당민주촉진회는 1949년 11월 16일 중국국민당 혁명위원회에 합병되었고, 중국인민구국회는 1949년 12월 18일 자진 해산을 선포했다) 이었다. 중국인민정치협상회의 제1기 전체회의가 열린 후, 각 민주당파는 '공동강령'을 정치적 기반으로 하여 자진해서 중국공산당의 영도를 받겠다고 일제히 선포했다. 즉 중국공산당은 중국 인민을 영도하여 확고부동하게 장제스 국민당의 독재통치를 반대하였고, 중국 인민은 이러한 투쟁 가운데서 점차 미국의 소극적인 영향에서 벗어났다. 각 민주당파가 점차 장제스 국민당의 반동적인 본질을 인식하는 역사 속에서, 중국공산당과 중국국민당혁명위원회(中國國民党革命委員會), 중국민주동맹(中國民主同盟), 중국민주건국회(中國民主建國會), 중국민주촉진회(中國民主促進會), 중국치공당(中國致公党), 중국농공민주당(中國農工民主党), 구삼학사(九三學社), 타이완민주자치동맹(台湾民主自治同盟)은 긴밀한 인민민주주의 통일전선을 형성하였으며, 중국인민정치협상회의라는 이 통일전선 조직기구를 형성하였다. 또한 이와 함께 중국공산당과 각 민주당파 사이의 신형의 정당관계를 형성하였다.

역사는 이렇듯 중국혁명 과정에서 다양한 힘의 '합력'으로 '민주당파가 자발적으로 중국공산당의 영도를 받아들이는' 다당 협력의 정당 관계가 형성되었다. 중국공산당과 각 민주당파 사이는 집권당과 반대당의 관계도 아니고, 여당과 야당의 관계도 아니며, 죽기 살기로 싸우는 적대 관계도 아니었다. 민주당파는 자발적으로 중국공산당의 영도를 받아들이고, 또 중국공산당과 함께 정부 업무에 참여해, 상호 협력하고 상호 협상하면서도 또 상호 감독하는 우호적인 당 관계를 이루었다. 개혁 개방 이후 이러한 정당제도는 중국공산당이 영도하는 다당 협력과 정치협상제도라고 명명되었다.

중국공신딩이 영도하는 다당 협력과 정치협상제도는 이처럼 중국의 민주와 독재의 사투 속에서, 중국 인민의 위대한 민주정치의 실천과 민주정치의 혁신 속에서 시대적 요구에 의해 나타난 것이다. 이 제도는 중국이 사회주의 사회로 진입한 뒤 한층 더 완벽해지고 발전하여, 중국 특색 사회주의의 기본 정치제도와 신형 정당제도로 발전해 나갔던 것이다.

중국의 정당제도는 신형의 정당제도이다.

중국공산당이 영도하는 다당 협력과 정치협상제도라는 이 새로운 정당제도가 형성된 역사를 회고해 보면, 우리는 이 정당제도가 근대 중국에서 인민혁명의 위대한 투쟁에서 비롯됐고, 이후 중국 특색 사회주의의 빛나는 실천 속에서 완성되었음을 알 수 있다. 현재 이 정당제도는 중국 특색의 사회주의 정치제도의 중요한 구성 부분이 되었고, 세계 다른 나라와 차별화된 새로운 정당제도가 되었다.

우리가 지금 쓰고 있는 "중국공산당이 영도하는 다당 협력과 정치협상제도"라는 개념은 처음부터 형성된 것이 아니었다. 변증법적 유물주의의 인식론에 의하면 인식은 실천에서 비롯되고, 개념은 인식의 심화에 의해 형성된다는 것을 알 수 있다. 중국의 새로운 정당제도가 형성되는 과정에서도 먼저 실천하고 후에 인식이 생겼으며, 나중에 점차 "중국공산당이 영도하는 다당 협력과 정치협상제도"라는 개념을 추출, 요약해 낼 수 있었다.

구체적으로는 "중국공산당이 영도하는 다당 협력과 정치협상제도"라는 개념은, 개혁 개방 이후 점진적으로 형성되고 제시된 것이다. 이 제도는 근원을 거슬러 올라가면 중국공산당과 각 민주당파 사이에 장기간에 걸쳐 형성된 통일전선, 특히 신 중국 창립을 위해 개최했던 중국인민정치협상회의에서 비롯됐다. 그러나 중국공산당이 각 민주당파와 무소속 민주 인사들을 초청해 인민정치협상회의를 개최하고, 중국인민정치협상회의를 '통일전선 조직'으로 정립하기까지, 그리고 또 중국공산당이 영도하는 다당 협력과 정치협상이 하나의 '제도'임을 분명히 하기까지, 더 나아가서 그것이 중국 특색 사회주의의 기본 정치제도임을 확인하고, 그것이 중국 신형의 정당제도임을 분명히 하는 데까지는 짧지 않은 탐색 과정을 거쳤다.

과거 중국공산당이 '5·1구호'를 발표하여 인민정치협상회의를 열자고 제안했을 때에는 이 회의를 거쳐 인민대표대회를 소집해 민주연합정부의 수립을 논의하겠다는 구상이었다. 인민대표대회야말로 세우려고 했던 제도였다. 그러나 당시 전국적으로 인민대표를 보통선거로 뽑을 수 있는 조건이 되지 않았으므로 전국인민대표대회를 소집할 수가 없었다. 그리하여 중국인민정치협상회의가 전국인민대표대회의 직권을 대행하기로 하고, 중국인민정치협상회의 조직법을 제정했다. 그리하여 중국인민정치협상회의는 이중 신분을 갖게 되었다. 하나는 인민민주통일전선의 조직 형태이고, 다른 하나는 전국인민대표대회의 권한을 대행하는 국가의 '최고 권력 기관'이었던 것이다. 1954년 9월 제1기 전국인민대표대회가 열린 후, 중국인민정치협상회의는 전국인민대표대회의 권한 대행을 그만두고 "통일전선 조직 형식"으로 계속 역할을 수행하게 되었다. 마오쩌동은 "정치협상회의 성격은 전국인민대표대회와 같은 국가 권력기관이 아니며 국가 행정기관도 아니다.",

"정치협상회의는 전국 각 민족, 각 민주계급, 각 민주당파, 각 인민단체, 국외 화교와 기타 애국민주인사들의 통일전선 조직으로서 당파적이며, 그 주요 구성원은 당파와 단체들이 선발한 대표이다"[28]라고 분명히 말했다. 저우언라이(周恩來)도 "인민대표대회가 이미 열렸으니 정치협상회의가 인민대표대회의 직권을 행사하던 정권기관의 역할은 잃었다. 하지만 정치협상회의 자체의 통일전선 역할은 여전히 남아있다. 대행 역할은 없앴지만 자체 역할은 그대로 남아있다"[29]고 말했다. 1954년 12월 25일 중국인민정치협상회의 제2기 전국위원회 제1차 전체회의에서 통과된 「중국인민정치협상회의 정관」은 중국인민정치협상회의를 '인민민주통일전선 조직'으로 규정했다. 그때까지만 해도 인민정치협상회의를 중국 정치체제 중 한 가지 '제도'로 규정하지 않았고, 더욱이는 중국공산당이 영도하는 다당 협력을 중국의 정당제도라고 말하지 않았다. 사회주의 사회에 들어서서도 마오쩌동은 "공산당 만세, 민주당파도 만세"라는 중대한 정치문제를 제기하였고, 「10대 관계를 논함」에서 "당과 비(非)당의 관계"를 하나의 전문적인 문제로 거론하면서 중국공산당과 민주당파는 "장기 공존, 상호 감독(長期共存, 互相監督)" 해야 한다고 제시했다. 당시 논의의 중점은 사회주의 제도 아래에서 중국공산당과 민주당파 간의 관계 및 중국공산당이 민주당파에 대한 방침이었고, 정당제도를 논술의 중점에 두지 않았으며, 특히 '정당제도'라는 개념을 제시하지 않았고, 중국공산당 제8차

---

28. 위의 책, 6권, 384-385쪽.
29. 『人民政协重要文献选编』 상, 앞의 책, 205쪽.

전국대표대회에서도 다만 "장기 공존, 상호 감독"을 방침이라고만 했지, 마오쩌둥이 여기에서 제시하고 연구한 중국 사회주의 제도 하에서의 정당관계는 이미 정당문제였던 것이다. 혹은 마오쩌둥이 중국 사회주의 제도 아래에서의 중국공산당과 민주당파의 관계에 대해 제안하고 연구하면서부터 우리가 중국의 정당제도를 연구하고 논의하는데 물꼬를 텄다고 할 수 있다. 중국공산당 제11기 중앙위원회 제3차 전체회의 이후, 중국은 개혁개방을 추진하면서 제도개혁의 필요성 때문에 제도체계에 대해 깊이 있는 사고와 연구를 하게 되었으며, 정당제도 문제도 비중 있게 거론되었다. 덩샤오핑(鄧小平)은1979년 10월 19일 「각 민주당파와 공상업연합회는 사회주의를 위해 복무하는 정치 역량(各民主党派和工商聯是爲社會主義服務的政治力量)」이라는 제목의 글에서 "중국공산당의 영도 하에, 다당 협력을 실시하는 것은, 중국이 구체적인 역사적 조건과 현실적 조건에 의하여 결정된 것이며, 또한 중국 정치제도의 특징이자 장점"[30]이라고 했다. 여기서 그는 처음으로 중국공산당 영도 하에서의 다당 협력을 "중국 정치제도의 한 특점이자 장점"'이라며 '정치제도' 차원으로 격상시켰다. 덩샤오핑은 1980년 1월 16일 중국공산당 중앙위원회가 소집한 간부회의에서 정당문제를 언급할 때, 자본주의 국가의 다당제는 자산계급이 상호 배척하는 경쟁 상태에서 결정됐으며, 그들은 누구도 광범위한 노동자들을 대표하지 않는다고 비판하면서도 "우리나라도 다당제이다. 하지만 중국의 다른 당은 공산당이 영도하는 전제 아래, 사회주의를 위해 봉

---

30. 『邓小平文选』 2권, 人民出版社, 1994, 205쪽.

사하고 있다."[31]고 지적했다. 여기서는 중국공산당과 민주당파의 관계를 정당제도적 시각에서, 다당제와 비교하는 의미에서 이야기했던 것이 분명하다. 덩샤오핑은 1987년 6월 12일 외빈들에게 중국 개혁개방 아이디어를 소개할 때에도 "우리도 여러 민주당파가 있다. 그들은 모두 공산당의 영도를 받으며, 중국공산당이 영도하는 다당 협력, 정치협상제도를 실행한다."[32]고 말했다. 여기서도 덩샤오핑은 정당제도에 대해 분명히 말했던 것이다. 덩샤오핑의 이 표현법은 세 가지 개념으로 구성되었다. 즉 중국공산당의 영도, 다당 협력, 정치협상이다. 그중 1979년에 사용한 "중국공산당의 영도 아래 다당 협력을 실행한다"는 표현보다 '정치협상'이 늘어나면서 더 완전해졌다. 1987년 중국공산당 제13차 전국대표대회 보고를 검토할 때 덩샤오핑이 "중국공산당 영도 하의 다당 협력"이란 구절 옆에 '협상'이라는 친필로 쓴 글을 붙였을 정도로 이 문제를 중시했다는 회고도 있다. 중국공산당 제13차 전국대표대회 보고에서 중국 사회주의 민주정치에서 보완해야 할 몇몇 제도에 대해 논할 때 "중국공산당 영도 하의 다당 협력과 정치협상제도"[33]라는 개념을 제시했다. 중국공산당 제13기 중앙위원회 제4차 전체회의에서 장쩌민(江澤民) 동지를 핵심으로 하는 당의 제3세대 중앙지도집단을 구성한 뒤, 덩샤오핑이 1989년 1월 2일 "'전담소조(멤버 중에는 민주당파 인사가 있어야 함)를 구성해 민주당파 성원의 정

31. 위의 책, 267쪽.
32. 위의 책, 3권, 242쪽.
33. 『十三大以来重要文献选编』 상, 인민출판사(人民出版社), 1991, 7쪽, 45쪽.

치 참여와 감독 직책 수행에 관련한 방안을 마련하라"[34]고 한 지시에 따라, 중국 특색의 정당제도에서 민주당파의 직책을 포함한 중대 사안에 대한 본격적인 검토에 들어갔다. 중국공산당은 1989년 12월 30일 「중국공산당이 영도하는 다당 협력과 정치협상제도의 견지와 보완에 관한 중국공산당 중앙위원회의 의견(中共中央關于堅持和完善中國共産党領導的多党合作和政治協商制度的意見)」을 발표했다. 이 문건의 작성 과정에서 중국공산당 제13차 전국대표대회의 보고에 따라 "중국공산당 영도 하의 다당 협력과 정치협상제도"라는 표현을 썼다가 일부 민주당파 관계자들의 건의에 따라 그중의 '하(下)'자를 뺐다. 전문적으로 중국 정당제도를 연구하는 이 중요한 문건에서는 처음으로

> "중국공산당이 영도하는 다당 협력과 정치협상제도"라는 내용이 제시됐다. 이와 함께 이 문건에서는 처음으로 '정당제도'라는 개념을 사용하면서, "중국에서 실행하는, 중국공산당이 영도하는 다당 협력의 정당체제는 중국 정치제도의 특점이자 장점이며, 이 제도는 세구 자본주의 국가의 다당제나 양당제와는 근본적으로 다르고, 또 일부 사회주의 국가에서 실행하는 일당제와도 다르다, 이것은 마르크스 레닌주의가 중국혁명과 건설에 결합되어 생긴 것으로, 중국 실정에 부합되는 사회주의 정당제도이다. 이 제도를 견지하고 보완하는 것은 중국 정치체제 개혁의 중요한 내

---

34. 『邓小平文选』 2권, 1994, 앞의 책, 432쪽.

용이고, 애국통일전선을 공고히 하고 확대하며, 사회주의 민주를 고양하고 전국 각 민족의 단결을 추진하고, 당과 국가의 총 임무를 실현하는데 중요한 의의를 가진다."[35]

고 명시했다. 이 중요 문건에서 중국공산당이 영도하는 다당 협력과 정치협상제도에 대해 '기본 정치제도'와 '사회주의 정당제도'라는 두 가지로 규정한 점에 주목해야 한다. 즉 중국공산당이 영도하는 다당 협력과 정치협상이 '방침'으로부터 '제도'로 다시 '기본 정치제도'로 이어지는 '사회주의 정당제도'의 역사적 과정을 마무리했다는 점이다. 그 후 이 기본 정치제도와 정당제도는 더욱 확고해졌다. 장쩌민은 1990년 3월 18일 제7기 전국인민대표대회 제3차 전체회의에서 "우리나라의 이런 다당 협력과 정치협상제도는 근본적으로 서구 자본주의 국가의 다당제 혹은 양당제와는 다르다. 이것은 우리 당이 장기간의 투쟁 속에서 마르크스 레닌주의의 보편 원리를 중국혁명과 건설의 실천을 결합한 위대한 시도이다"[36]라고 말했다. 1993년 3월 중국민주건국회(中國民主建國會)는 중국공산당이 영도하는 다당 협력과 정치협상제도를 헌법에 명시할 것을 중국공산당 중앙위원회에 건의했고, 중국공산당 중앙위원회는 이 건의를 수용했다. 제8기 전국인민대표대회 제1차 전체회의에서 통과된 "중화인민공화국 헌법 개정안"은 헌법 서문에 중국공산당이 영도하는 다당 협력과 정치협상제도는 장기

35. 『十三大以来重要文献选编』 중, 앞의 책, 821쪽, 45쪽.
36. 『江泽民论有中国特色社会主义』 (특정 테마 발췌편)」, 中央文献出版社, 2002, 309쪽.

적으로 존재하고 발전할 것이라는 내용을 첨가했다. 1997년 9월에 열린 중국공산당 제15차 전국대표대회는 중국공산당이 영도하는 다당협력과 정치협상제도를 견지하고 완성하는 것을 중국공산당의 사회주의 초급단계에서의 기본 강령에 써 넣었다. 2015년 5월 18일에 발행된 「중국공산당 통일전선사업조례(시행)」는 중국공산당이 영도하는 다당 협력과 정치협상제도에 대해 서술할 때, '민주당파', '무소속 인사' 등 기본 개념에 대해 한층 더 명확하게 규정했다. 무소속 인사[37]란, 어느 정당에도 참여하지 않고 있고, 참정 의정 소망과 능력이 있으며, 사회에 적극 기여하고, 일정한 영향력이 있는 인사로서 그 주체는 지식인이다. 민주당파의 기본 직능은 참정 의정과 민주 감독이며, 중국공산당이 영도하는 정치협상에 참여하는 것이다. 무소속 인사는 민주당파를 참조하여 직능을 수행한다. 이러한 규정과 인정은 중국 공산당이 영도하는 다당 협력과 정치협상제도를 점점 더 규범화 되도록 하였다. 중국공산당 제19차 전국대표대회 이후, 시진핑(習近平) 총서기는 중국 특색 사회주의 민주정치의 발전과 관련된 이 중대한 문제에 대해 한층 더 논했다. 그는 2018년 3월 4일 제13기 전국정치협상회의 제1차 회의에 참석한 민맹, 치공당, 무소속 인사, 귀국화교연합회 위원들을 만나 의견과 건의를 듣는 자리에서 "중국공산당이 영도하는 다당 협력과 정치협상제도는 우리나라의 기본 정치제도이고,

---

37. 2004년 3월 12일, 중국인민정치협상회의 제10기 전국위원회 제2차 회의에서 통과한 "중국인민정치협상회의 정관 개정안"은 과거 오랫동안 사용해 온 "무소속 민주 인사"라는 호칭을 "무소속 인사"로 바꿨다.

중국공산당, 중국 인민과 각 민주당파, 무소속 인사의 위대한 정치적 창조이며, 중국의 토양에서 자라난 신형의 정치제도"라고 강조해 말했다. 그는 "중국 특색의 사회주의가 새 시대에 접어들었으며, 우리는 중국공산당이 영도하는 다당 협력과 정치협상제도를 확고하게 다지고 발전시켜, 다당 협력의 독특한 강점을 발휘함으로써, 사회주의 민주정치를 발전시키고 샤오캉(小康, 초요)사회에 전면적으로 진입할 수 있도록 단합하여 분투해야 한다."고 말했다. 그는 또 "다당 협력제도를 건립할 때의 초심을 잊지 말고, 확고부동하게 중국 특색의 사회주의 정치 발전의 길을 가야하며, 중국의 사회주의 정당제도를 잘 견지하고, 발전시키며, 완성해야 한다"[38]고 강조해 말했다. 좀 더 고민해야 할 점은 이 신형 정당제도가 어떠한 점이 새로운가 하는 것이다.

시진핑 총서기는 '신형 정당제도'라는 개념과 사상을 제시하면서 이 신형 정당제도의 특징을 '3개의 새로운 것'으로 설명했다. 그는

"이 제도를 신형 정당제도라고 하는 것은 (1) 이 제도는 마르크스주의 정당 이론과 중국의 실제가 결합된 산물로서, 진실하고도 광범위하게, 지속적으로 가장 광범위한 인민의 근본 이익을 대표하고, 전국 각 민족과 각계의 근본 이익을 대표하며, 구식 정당제도가 소수인과 소수의 이익 집단을 대표하는 폐단을 방지할 수 있기 때문이다. (2) 각 당파와 무소속 인사들이 긴밀히 단결하여 공동의 목표를 위해

---

38. 『光明日报』, 2018년 3월 5일자 1면.

분투함으로써, 일당제의 감독이 부족한 현상이나 여러 당이 번갈아 가며 집권함으로써 악성 경쟁이 이어지는 폐단을 피할 수 있기 때문이다. (3) 제도화 절차화 규범화된 배치를 통해 각종 의견과 건의를 집중하고, 정책 결정에 있어서 과학화 민주화가 되게하여, 구식 정당제도가 당파적 이익, 계급적 이익, 지역적 이익과 집단적 이익에 얽매여 정책 결정과 시정(施政)에 있어서 사회의 분열을 가져오는 폐단을 피할 수 있기 때문이다. 이 제도는 당대 중국의 실제에 부합되는 것은 물론, 중화민족이 일관되게 주창해온, 천하는 국민의 공동의 것이고(天下爲公), 관용하고 수용하며(兼容幷蓄), 공통점을 찾고 다른 의견은 보류하는(求同存異) 등 우수한 전통문화에 부합하며, 인류의 정치문명에 큰 공헌을 하고 있다."[39] 고 했다.

이 '3개의 새로운 것'은 사실상 이 신형 정당제도의 우월성을 충분히 드러냈으며, 중국 특색 사회주의 제도의 우월성을 충분히 드러냈다. 이 '3개의 새로운 것'에 대해 학자들은 시진핑 총서기가 이익의 대표자, 기능, 효과 등 세 가지 차원에서 신형 정당제도의 특점에 대해 정의를 내렸다고 보고 있다.

(1) 이익의 대표자 차원에서 볼 때, 이 정당제도가 강조한 것은 '마

---

39. 『人民日報』, 2018년 3월 5일자 5면.

르크스주의 정당 이론'과 '중국공산당의 영도'이지 자산계급의 정당 이론이 아니다. 이로써 구식 정당제도가 소수자와 소수 이익집단을 대표하는 폐해를 막을 수 있다. 서구 정치학이나 정당 이론에서 정당(party)은 일부분 사람(part)의 대표이지만, 마르크스주의는 탄생한 날로부터 무산계급 운동은 절대다수인의 것이며, 절대다수인의 이익을 도모하는 독립적인 운동이라고 강조했다. 공산당원은 시종 전체 운동의 이익을 대표한다.[40] 중국공산당은 마르크스주의 정당 이론을 중국의 실제와 결합하는 과정에서 당헌에 매우 분명한 언어로 "당은 노동자 계급과 가장 많은 인민 대중의 이익 외에 자신만의 특별한 이익이 없다"고 밝히고 있다. 이처럼 중국공산당이 마르크스주의 정당 이론의 지도하에 세워진, 자신만의 특별한 이익이 없이 노동자계급과 가장 많은 인민 대중의 이익을 대변하는 새로운 유형의 정당이기 때문에, 그리고 각 민주당파가 중국공산당의 영도 하에, 각자 사회주의 노동자, 사회주의 사업의 건설자와 사회주의를 옹호하는 애국자들을 연계하고 있기 때문에, 이 새로운 정당제도가 진실하고 광범위하며, 지속적으로 광범위한 인민의 근본 이익을 대표하고, 전국 각 민족과 각 계층의 근본 이익을 대표하며, 이와 동시에 사회 각 계층과 각 측면의 구체적 이익을 전반적으로 계획하고 고려할 수 있기 때문에, 긴밀히 협력할 수 있는 정당 관계의 새로운 구도를 이룰 수 있게 된 것이다.

---

40. 『马克思恩格斯文集』 2권, 앞의 책, 42-44쪽.

(2) 기능적 차원에서 볼 때, 이 제도는 정당 사이의 경쟁이 아닌 '다당 협력'을 강조함으로써, 일당제에서 감독이 부족한 상황이나 다당제에서 여러 당이 돌아가며 집권함으로서 생기는 악성 경쟁의 폐해를 막을 수 있다는 점이다. 정당제도에서 일당제의 명백한 결함은 활력이 부족하고 감독이 부족하다는 점이다. 양당제와 다당제는 정당 사이의 경쟁으로 감독이 부족하다는 점 등의 문제를 피할 수는 있지만, 당리당략 싸움에서는 일방적이고 극단적인 방향으로 흐르기 쉬워, 사회의 안정과 행정의 효율성에 영향을 끼치는 경우가 많다. 중국공산당은 정당정치 실천에서 각종 제도의 우열을 진지하게 정리하여, 일당제를 실시해서도 안 되지만, 정당 간의 쓸데없는 경쟁과 싸움에 빠져서도 안 된다는 것을 인식하여 다당 협력제를 적극 모색해 왔다. 중국공산당과 각 민주당파는 우여곡절 끝에 오랜 기간 협력할 수 있는 견실한 기반을 다졌고, 사회주의 혁명과 건설, 개혁의 과정에서도 장기 협력에 필수적인 공동의 정치 기반을 형성했다. 특히 중국공산당은 변증법적 유물주의와 역사적 유물주의로 무장한 마르크스주의 정당으로서 사물의 발전은 복잡한 표현형식을 갖고 있으며, 사물 발전의 법칙을 인식하려면 객관적이고, 전면적이며 발전적인 관점을 가져야 한다는 것을 잘 알고 있었으므로, 다방면의 인식을 종합해, 자각적으로 다당 협력을 견지할 수가 있었다. 마오쩌둥과 덩샤오핑은 당도 사람과 마찬가지로 문제를 보는 시각이 다르므로, 항상 서로 다른 목소리를 들을 필요가 있으며, 알게 된 문제가 많을수록 문제를 처리할 때 더욱 전면적이 된다고 말했다. 그러므로 중국공산당

은 전통적으로 다당 협력을 중시했으며, 각 정당과 무소속 인사들을 긴밀히 단결하여 공동의 목표를 위해 분투하는 새로운 정당제도를 만들었다.

(3) 효과 차원에서도 이 정당제도는 당파 간의 싸움이 아닌 '정치 협상'을 강조함으로써 구식 정당이 당파 이익, 계급 이익과 지역 집단적 이익에 사로잡혀 정책 결정과 시정이 사회의 단열을 초래하는 폐해를 막는 데 효과적이었다. 중국공산당의 영도를 견지하는 것은 민주를 원하지 않는 것이 아니라 더 광범위하고 효과적인 민주를 형성하기 위한 것이다. 중국공산당이 이끄는 다당 협력과 정치협상제도는 중국 특색의 협상민주가 조직화 제도화 되는 과정에서 탄생한 것으로, 중국 특색 협상민주와 함께 공생 공영하여 왔다고 할 수 있다. 이 정당제도는 제도화, 절차화, 규모화를 통해 각종 의견과 건의들을 모아 정책 결정의 과학화와 민주화를 추진할 수가 있다. 시진핑 총서기는 이 같은 정당제도의 역할을 어떻게 하면 더 잘 발휘할 수 있을까에 대해 말할 때, "새 시대 다당 협력의 무대가 더욱 넓어졌으므로, 정당 간 협상이라는 이 민주형식과 제도적 채널을 잘 이용해 많이 상의하고, 잘 상의하며, 상의할 수 있어야 한다. 이를 통해 공감대를 이루고, 지혜를 모으며 힘을 모아야 한다. 정당 간 협상제도를 완전하게 하는 것은 겉만 좋고 실속 없이 하는 것이 아니라, 말에는 근거가 있고, 일리가 있어야 하며, 내용이 충실하도록 해야 한다. 성실하게 협상하고, 실속 있게 협상하며, 실정을 말하고, 좋은 건의를 제기해야 한다. 참정은 중요한 것에, 의정은 관건적인 것에 참정하고 의정해

야 하며, 참정과 의정이 실효를 거두도록 해야 한다"[41]고 했다.

이처럼 중국공산당이 영도하는 다당 협력과 정치협상제도는 새로운 정당제도로서, 중국 사회의 토대에서 성장했고, 뚜렷한 중국 특색이 있는 것이다. 이 제도는 중국공산당과 중국 인민, 각 민주당파와 무소속 인사들의 위대한 정치적 창조인 것이다.

---

41. 『인민일보(人民日報)』, 2018년 3월 5일자.

제3장

중국공산당과 민주당파의 관계

제3장
중국공산당과 민주당파의 관계

중국공산당이 영도하는 다당 협력과 정치협상제도가 일당제나 양당제 다당제와 다른 새로운 정당제도인 만큼, 익숙하지 않은 사람들은 이런저런 질문을 할 수밖에 없다. 그 중에서도 많은 사람들이 관심을 갖는 것은 이 정당제도에서 중국공산당과 민주당파의 관계이다. 이 또한 중국공산당이 영도하는 다당 협력과 정치협상제도를 견지함에 있어서 반드시 해결해야 할 지침적인 문제이기도 하다. 뿐만 아니라 이 문제를 해결하는 열쇠는 주로 중국공산당의 손에 있다고 해야 할 것이다.

"중국공산당의 영도 하에 미력한 힘이나마 바쳐 함께 책략을 세우고 나아가고자 한다"

중국공산당과 민주당파는 어떤 관계인가 하는 것은 중국공산당이 영도하는 다당 협력과 정치협상제도의 운명과 관련된 문제였다. 이는 신 중국 창립 이후 중국이 신민주주의에서 사회주의로 전환하는 역사적 과정에서, 특히 중국이 사회주의 기본 제도를 건립한 후 각 민주당파가 관심을 두는 문제이자 중국공산당이 풀어야 할 중대한 과제이기도 했다. 중국공산당과 중국 각 민주당파는 우선 정치적으로 상호 협력할 수 있는 친구였으며, 항일전쟁 시기와 장제스 국민당 독재에 반대하는 투쟁에서 형성된 우호적인 당파 간 관계였다. 한때 민주당파 중에는 중국공산당과 국민당 사이에서 '중간노선', '제3의 길'을 걸으려고 한 당파도 있었지만, 실천이 증명하다시피 그것은 현실에 부합되지 않는 환상일 뿐이었다. 장제스 국민당의 타격과 박해로 이들 민주당파는 환상이 깨졌고, 공산당과 민주적인 토대 위에서 힘을 합쳐 협력하는 우호적인 당이 되었다.

중국공산당과 민주당파의 관계에서 중국공산당이 영도적 위치에 있다. 각 민주당파에 대한 중국공산당의 영도는 정치 원칙, 정치 방향과 중대한 방침 정책에서의 영도를 말한다. 이러한 영도는 각 민주당파와의 협력과 일치된다. 중국공산당 중앙위원회는 각급 당위원회에 민주당파에 대한 영도를 강화하고 개선하며 각 민주당파와의 협력을 한층 더 강화하고 발전시켜야 한다고 요구했다. 또한 각 민주당파가 사회주의 물질문명과 정신문명 건설을 위해 복무하는 것을 지지하고, '일국양제'를 추진하고 조국의 통일을 위해 복무하는 것을 지지해야 한다고 했다.

각 민주당파에 대한 중국공산당의 영도적 지위는 역사적으로 형성된 것이고 각 민주당파가 자발적으로 수용하고 승인한 것이다. 왜냐하면 각 민주당파는 오랜 투쟁과정에서 중국에서 진정 인민대중을 대변할 수 있는 정당은 중국공산당이라는 점을 인식했기 때문이다. 그러므로 중국공산당이 '5·1구호'를 발표하여 각 민주당파와 무소속 인사들에게 요청해 공동으로 국사를 상의하려고 하자, 각 민주당파는 진심으로 중국공산당의 주장을 받아들였을 뿐만 아니라, 중국공산당의 영도를 수용할 용의가 있다고 밝혔다. 1949년 1월 22일 해방구에 정치협상회의에 참석하러 온 리지선(李濟深), 선쥔루(沈鈞儒), 마쉬룬(馬叙倫), 궈머뤄(郭沫若) 등 55명의 각 민주당파 책임자와 민주인사들은 공동으로 「시국에 대한 우리의 의견(我們對于時局的意見)」이라는 글을 발표하여 중국 민주정치의 앞날에 대한 관점을 발표하였다. 이 중요 문헌에서 이들 민주당파 지도자와 무소속 인사 대표들은 처음으로 "중국공산당의 영도 하에 미약한 힘이나마 바쳐 함께 책략을 세우고 나아가고자 한다. 중국 인민의 민주주의 혁명이 신속히 성공하고, 독립되고 자유로우며, 평화롭고 행복한 신 중국이 하루 빨리 실현될 수 있기를 바란다."[42]고 공언했다. 자발적으로 중국공산당의 영도를 받아들인 것은 독재의 고통을 겪어 온 중국 각 민주당파의 진심이었다. 이는 또한 각 민주당파가 장기간의 투쟁 속에서 시대 진보의 조류와 중국 인민의 민심의 흐름을 인식하였음을 보여준 것이다. 우리는 신 중국 창립을 앞두고 각 민주당파의 지도자와 무소속 대표들이 중국인민정치협상회의 제1기 전체회의에서 한 발언을 되새겨 보면 그들의 이러한 '진심'을 느낄 수가 있다.

쑹칭링 특별초청대표는 "오늘날, 중국은 거대한 동력이다. 중국 인민은 전진하고 있다. 혁명의 동력 속에서 전진하고 있다. 이것은 역사적 약진(躍進)이고, 건설의 거대한 역량이다. 새로운 중국이 탄생했

---

42. 『人民政协重要文献选编』상, 中国文史出版社, 2009, 6쪽.

다! 우리가 오늘날의 역사적 지위에 이른 것은 중국공산당이 영도했기 때문이다. 중국공산당은 유일하게 인민 대중의 역량을 가진 정당이다."[43]라고 했다.

국민당 원로인 허샹잉(何香凝)은 "장제스 정부가 무너지고 인민정치협상회의가 개막했다. 중국의 자유, 평등, 자본의 절제, 농사짓는 자가 토지를 소유하는 것, 세계적으로 우리 민족을 평등하게 대하는 이들과 연합하는 것 등 혁명의 목표가 마오(毛) 주석의 영도로 실현되었다. 우리는 구천에 계시는 쑨(중산) 선생을 위로할 수 있게 되었다! 오늘의 인민정치협상회의의 위대한 의의는 마오 주석의 영도가 태평천국, 신해혁명, 대일작전으로부터 인민해방전쟁에 이르기까지, 그리고 혁명적 삼민주의로부터 신삼민주의에 이르기까지 중국 근 100년 이래의 혁명 전통을 대표했다는 점이다." "인민정치협상회의가 혁명적 삼민주의를 대표하고, 중국 인민 대 혁명의 승리를 대표할 수 있도록 20년 간 마오(毛) 주석의 분투와 노고 등 이 모든 것은 마오 주석의 신 삼민주의가 우리가 신앙하는 혁명적 삼민주의보다 더 타당하고 더 철저함을 알 수 있다."[44]고 했다.

장란(張瀾) 중국민주동맹 주석은 "정치 협상의 방식으로 인민 자체의 정권을 건립하고, 인민 자체의 정부를 조직하는 것은 중국 역사에서 영광스러운 대사일 뿐만 아니라, 세계 인류사에서도 영원히 기념해야 할 영광스러운 날이다." "우리의 새 제도는 당연히 구민주주의의

---

43. 『开国盛典:中华人民共和国诞生重要文献资料汇编』 상편, 中国文史出版社, 2009, 274쪽.
44. 위의 책, 278쪽.

대통령제, 내각제라는 낡은 것들을 포기해야 한다. 또한 소련 및 동유럽 각국의 정권(政權)과 치권(治權) 합일의 제도와도 달라야 한다. 민주집중제에 따라, 중국 인민은 정권을 자신의 수중에 장악하였으며, 인민은 또 확실히 입법권과 행정권을 행사하는 최고의 권력 기관을 가지게 되었다. 이것은 이론과 실천이 일치하는 제도이다. 이 제도는 꼭 신민주주의 정신을 잘 살리고, 중국의 행정 효율을 충분히 높일 수 있을 것이다. 이런 정치제도가 있으면, 중국 인민은 반드시 우리의 새로운 국가와 새로운 사회를 수립할 수 있을 것이다.""우리의 인민정치협상회의가 오늘 정식으로 개막했다. 중국 신민주주의의 대시대도 오늘 본격적으로 개막했다! 신민주주의는 사회주의의 과정이며, 계급이 없는 사회, 대동세계로 가는 정당한 첩경이다. 우리 모두 노력하자! 오늘 우리는 자신의 주인이 되었다! 우리의 앞길은 찬란하다. 우리는 새 나라를 건설하기 위하여 노력하고, 세계 인류의 새 사회를 창조하기 위하여 노력해야 한다!"[45]고 했다.

황엔페이(黃炎培) 민주건국회 대표는 이렇게 말했다. "우리는 감격스럽다. 우리는 오늘 중국공산당 마오(毛) 주석의 영도 아래, 지구의 억만 년 역사에서 가장 위대한 의미가 있는 영광스러운 기록을 써냈다. 그 제목은 바로 중국인민정치협상회의의 개막이다. 우리는 이 중국인민정치협상회의 기간에 지구의 동반구 대륙에서 새 빌딩을 건설해 내야 한다. 이 새 빌딩은 중화인민공화국이라고 이름을 붙였다. 이 새 빌딩은 철근 시멘트 기둥으로 떠받치고 있다. 이 기둥들에는 어떠한

---

45. 위의 책, 279-281쪽.

것들이 있는가? 첫째는 중국공산당이다. 그리고 각 민주당파, 각 인민단체, 각 지역, 인민해방군, 각 소수민족, 국외 화교, 기타 애국 인사들이 있다. 이들은 하나 또 하나의 기둥을 이룬다. 그럼 철근 시멘트란 무엇인가? 바로 중국 노동자계급, 농민계급, 소자산계급, 민족자산계급과 기타 애국 인사들의 인민민주통일전선이다. 이 새 빌딩의 기초는 무엇인가? 이론적 기초를 말하자면 바로 마르크스 레닌주의 마오쩌둥 사상이다. 이 새 빌딩의 꼭대기에는 커다란 깃발이 나부낀다. 이 깃발에는 신민주주의라고 쓰여 있다. 이 새 빌딩에는 다섯 개의 대문이 있다. 각 대문마다 두 개의 큰 글자가 씌어 있다. 독립 민주 평화 통일 부강이다."[46]

애국 화교 영수 스투메이탕(司徒美堂)은 "화교들은 멀리 떨어져 있다 보니 국내 정세를 잘 알지 못한다. 지금 해방된 베이핑에 와 보니, 중국공산당원들이 고생을 두려워하지 않고 착실하게 일하는 정신, 희생을 두려워하지 않는 정신과 건국의 대계를 위해 반복적으로 협상하고, 각 측의 의견을 존중하는 훌륭한 정치풍토에 경탄하지 않을 수 없다. 이러한 것들이 바로 중국공산당이 전 국민을 이끌 자격이 있고, 또한 전 국민을 이끌어 완전한 승리를 거둘 수 있은 가장 큰 보증이었다고 생각한다"[47]고 말했다.

1949년 역사 속 명사들의 아무런 꾸밈도 없는 이 논평들을 읽노라면 어떠한 느낌이 드는가? 중화민족의 위대한 부흥을 위해 평생을 바

---

46. 위의 책, 286-287쪽.
47. 위의 책, 299-300쪽.

친 민주혁명 원로들이 자신의 체험과 중국공산당에 대한 이해를 통해 내린 이 결론이 권위적이지 않은가?

신해혁명 이래 정치적 풍운의 변화를 겪은 민주당파와 무소속 민주 인사들의 말들에는 풍부한 역사적 함의가 담겨 있다. 그들이 자발적으로 중국공산당의 영도를 받아들이고 승인한 것은 중대한 역사적 결정이었다. 따라서 중국공산당과 민주당파의 관계는, 민주당파가 자발적으로 중국공산당의 영도를 받아들여, 정치적으로 중국공산당과 협력하는 우당관계이다. 쉽게 말하면, 중국공산당이 영도하는 다당 협력 관계이다. 이것은 아주 특별한 친구관계이고, 아주 특별한 정당 관계이다. 저우언라이(周恩來)는 당파 관계에 대해 논술할 때 "당파는 배타성이 있다. 이는 적과의 투쟁에서는 절대적으로 필요한 것이다. 통일전선 내부에 숨어 있는 적과 적대계급의 사상적 영향을 배제하는 것도 필요하다. 그러나 협력에는 배타성을 이용할 수 없다. 통일전선 내부에서는 각 당파의 진보성을 결집시키고, 연합성을 발전시켜, 통일된 역량이 되게 하고, 단결하고 함께 적과 맞서야 한다."고 했다. 그는 "중국공산당은 영도적 위치에 있으므로 주동적으로 여러 측면과의 관계를 잘 맺어야 한다"[48]고 강조했다.

"공산당 만세, 민주당파도 만세"

중국공산당과 민주당파의 관계를 논할 때, 중국공산당이 영도하는 다당 협력은 어렵게 이루어진 것일 뿐만 아니라 견지해 나가기 위해

---

48. 『人民政协重要文献选编』 상, 앞의 책, 101쪽.

서는 반드시 분명하고 변함이 없는 방침이 있어야 한다는 점에도 유념해야 한다. 특히 중국이 사회주의 사회로 진입한 이후, 중국공산당과 각 민주당파의 관계에서 어떤 방침을 정하느냐 하는 것은 마오쩌둥을 대표로 하는 중국공산당원들에게 중대한 문제이자, 개혁개방 이후 덩샤오핑을 대표로 하는 중국공산당원들의 고민이기도 했다. 신 중국의 탄생은 세계적으로 동서양 대결의 양극 구도가 형성된 중대한 역사적 여건 속에서 이루어졌다. 항일전쟁 시기 중국공산당과 비교적 잘 협력했던 미국정부가 '두 중국의 운명'을 가르는 결전의 고비에서 중국공산당의 '다당파 연합정부' 주장을 지지하지 않고 장제스 국민당의 독재주의를 지지한 것은, 이런 국제 지형의 변화와 무관치 않다고 할 수 있다. 중국공산당으로서도 이런 큰 배경에서 신 중국을 창립할 때 '일변도의 정책' 즉 '사회주의 일변도[49]'의 외교정책을 실시할 수밖에 없었다. 이러한 역사적 결정은 신 중국 창립 후 다른 한 문제를 가져왔다. 즉 신 중국 창립 후, 특히 중국에서 사회주의 제도가 수립되면 소련과 같은 일당제를 시행할 것인가 하는 것이다. 다시 말하면 민주당파가 존립할 수 있겠는가 하는 것이다. 만약 계속 존립한다면 중국공산당과는 어떤 관계여야 하는가 하는 것이다. 신 중국 창립 직후부터 민주당파들 중에서 '자동 해산'의 바람이 불었고, 중국공산당 내부에서도 민주당파의 존재 필요성에 회의적인 시각이 나왔다. 마오쩌둥과 중국공산당 중앙위원회는 이 문제를 아주 중시하여, 관련 부서에 진지하게 검토하고 올바른 방침을 수립할 것

49. 『毛泽东选集』 4권, 앞의 책, 1473쪽.

을 요구했다. 이는 역사가 중국공산당과 중국 각 민주당파에 던진 중대한 과제였다. 중국공산당은 신 중국 창립 전부터 당 외의 민주인사들과 '장기적으로 협력할 것'을 분명히 해왔다. 마오쩌둥은 중국공산당 제7기 중앙위원회 제2차 전체회의에서 "우리 당은 당 외 민주인사들과 장기적으로 협력하는 정책을 반드시 전당 사상과 사업에서 확정해야 한다. 우리는 당 외의 대다수 민주인사들을 우리의 간부들과 마찬가지로 대해야 하며, 반드시 상의하여 해결할 문제를 두고 그들과 성실하게 상의하여 해결해야 한다. 그들이 일할 수 있도록 하며, 그들이 직장에서 직권을 가지고 성과를 내도록 해야 한다."[50]고 말했다. 그는 또 민주인사들에 대한 당의 우파적 타협주의와 좌파적 배타주의 혹은 형식주의 성향을 비판하며, 전당이 이 문제에 대해 진지하게 검토하고 올바른 인식을 가질 것을 요구했다.

　민주당파의 경우, 신 중국 창립 이후 일부 당은 스스로 자신은 장제스 국민당의 독재 통치에 반대하여 설립되었고, 현재 국민당의 반동정부가 붕괴되고, 오랫동안 바라던 민주주의가 실현되었으므로 역사적 사명을 원만히 완수하였기에 해산할 수 있다고 인정했다. 특히 중국인민정치협상회의 제1기 전체회의에 참가했던 민주당파인 중국인민구국회(中國人民救國會)는 신 중국 창립 직후인 1949년 12월에 해산을 선포했다. 이와 함께 중국민주동맹(中國民主同盟), 중국민주촉진회(中國民主促進會), 중국농공민주당(中國農工民主党), 구삼학사(九三學社)의 지도자들도 해산 또는 다른 당과의 합당을 준비했다. 사실상 신

---

50. 위의 책.

중국의 창립을 계획할 때 「중국인민정치협상회의 공동 강령」에 대해
논의할 때부터 신민주주의가 급속히 발전하여 당파가 오래 가지 못
할 것이라는 의견들이 있었다. 저우언라이는 중국인민정치협상회의
제1기 전체회의 「공동강령」 초안 작성 보고서에서 이와 같은 상황을
소개하면서, 상의한 결과 이런 생각은 "적절하지 못하다."[51]고 했다.
1950년 2월 소련을 방문하고 베이징으로 돌아온 마오쩌둥은 구국회
(救國會)가 해산됐다는 소식을 듣고 매우 안타까워했다. 그는 구삼학
사도 해산하려 한다는 말에 즉각 찬성하지 않는다고 표했으며, 중국
공산당 중앙위원회 통일전선공작부의 책임자인 리웨이한(李維漢)에게
"구삼학사는 계속 존재해야 할 뿐만 아니라 계속 발전해야 한다"[52]는
의견을 구삼학사 지도자인 쉬더헝(許德珩)에게 전해 달라고 부탁했다.
마오쩌둥의 이런 명확한 태도는 당시에 중요한 영향을 미쳤다. 각 민
주당파는 해산하려던 생각을 접고 잇달아 전국대표회의 혹은 중앙전
체회의를 열고 민주혁명시기의 낡은 정치 강령을 버리고, 중국공산당
이 영도를 받아들이며, 「공동강령」을 자신들의 정치 강령으로 채택한
다고 하였다. 또한 이것을 바탕으로 조직 정돈작업을 진행하였으며,
"신민주주의의 공화국을 건설하기 위해 분투하자."고 제의했다. 이로
써 중국인민정치협상회의 제1기 전체회의에서 이루어진 중국공산당

---

51. 『周恩来选集』 상권, 人民出版社, 1984, 367-368쪽.
52. 구 삼학사의 지도자 쉬더헝(許德珩)의 만년 회고와 중국인민구국회(中国人民救国会) 지도
    자 왕짜오스(王造时)의 유고에서의 회억에 따른 것이다. 왕짜오스의 회억에 따르면, 마오쩌둥은
    1950년 11월 4일에야 구국회가 해산되었다는 소식을 접하게 되었다. 두 민주당파 지도자의 회억
    은 시간적으로 차이가 있지만 모두 마오쩌둥이 민주당파의 해산에 찬성하지 않았다고 밝혔다.

이 영도하는 다당 협력의 정당 구도가 민주당파의 '자동 해산' 풍조를 극복하고 초보적이나마 확립되었던 것이다.

이 문제를 더 해결하고 신 중국 창립 이후 인민민주통일전선의 새로운 변화, 새로운 상황에 적응하기 위해, 1950년 3월 16일부터 4월 중순까지 중앙정부는 신 중국 창립 이후의 제1차 전국통일전선공작회의를 열고, 한 달 간의 시간을 들여 민주당파를 대함에 있어서의 방침과 정책을 포함한 통일전선 문제에 대해 논의하고 검토했다. 리웨이한(李維漢) 중앙위원회 통일전선부 부장은 업무보고에서 민주당파의 성격과 역할, 민주당파에 대한 중국공산당의 방침과 정책을 설명하고 중국공산당과 각 민주당파의 관계에 있어서의 기본 원칙을 제시했다. 즉 "정치적 사상적으로「공동강령」을 준칙으로 그들과 단결하여 공통 분투하며, 조직적으로는 그들의 독립성을 존중하고, 성실하게 협력하고 건의하며 이치를 설명해야 한다. 필요하면 적당하게 비평할 수도 있지만 조직적으로 통제하는 것은 아니다."라고 했다. 저우언라이(周恩來)도 연설에서 "영국, 미국의 잣대로 민주당파를 평가할 수는 없다. 민주당파는 중국의 토양에서 성장해 왔으며, 각 민주당파에는 모두 진보 인사가 있어, 혹은 진보 인사가 있어야만 우리와 잘 협력할 수 있다. 하지만 민주당파를 순수한 진보 인사들만의 조직으로 만들어서는 안 된다. 만약 모두 진보 인사뿐이라면 무슨 의의가 있겠는가? 민주당파는 우리에게 골칫거리만 가져올 것이라는 생각은 잘못된 것이다. 민주당파는 인민민주통일전선에서 상당히 중요한 역할을 한다. 우리는 인민민주독재의 국가로, 현 단계에서는 네 개의 민주계급의 연맹이다. 일부의 일은 그들이 하는 것이 우리가 하는 것보다 더 효과적이고 국제적 영향력도 있다. 민주당파의 구성원들은 우리의 교육과 도움으로 우리와 함께 사회주의에 진입하려고 한다. 이는 우리를 도우려는 사람이 생긴 것이니 아주 좋은 일이 아닌가!"[53]라고 했다. 회의 후 마오쩌둥은 전국통일전선공작회의 상황을 보고하러 간 중앙위원회 통일전선부 담당자에게 민주당파와 비(非)당내 인물에 대한 무관심은 일종의 사회적 여론으로 이런 여론은 당내외에 모두 있다고 말했다. 그는 장기적이고 전체적인 관점에서 볼 때 민주당파가 필요하다는 점을 분명히 해야 한다고 말했다. "민주당파는 소자산계급과 자산계급을 연계하므로 정권에는 반드시 그들의 대표가 있어야 한다."고 말했다. 마오쩌둥은 또 "민주당파의 역할을 충분히 보아야 한다. 일부 사람들은 민주당파가 '머리카락 한 오리만큼의 공로' 뿐이어서 머리카락 한 오리를 뽑든 안 뽑든 마찬가지라고 하는데, 이런 말은 일리에 맞지 않는다. 그들의 배후에 연계된 사람들을 보면 머리카락 한 오리인 것이 아니라, 한 움큼이므로 얕잡아 보아서는 안 된다. 그들을 단결해 진보시키고, 그들을 도와 문제를 해결해야 한다. 예를 든다면, 민주당파의 경비문제, 민주인사의 여비문제 등이 그것이다. 그들에게 일거리를 주어 일하게 해야 하며, 그들을 존중해야 한다. 그들을 우리의 간부와 동일시해야 하며 친분을 따져서는 안 된다. 그들을 평등하게 대해야 하며, 차별 대우 하지 말아야 한다. 그들에 대해서 민주적이어야 한다. 지금 많은 사람들은

53. 『人民政协重要文献选编』 상, 앞의 책, 108-109쪽.

화풀이를 하고 싶은데 할 기회가 없다. 그들이 화를 내는 것은 두 가지 밖에 없다. 한 가지는 일리가 있다는 것이고, 다른 한 가지는 일리가 없다는 것이다. 일리가 있는 것이라면 받아들여야 하고, 일리가 없는 것이라면 그들에게 일리를 설명해야 한다. 우리는 기백이 있어야 하고 비평을 두려워하지 말아야 한다. 우리는 장제스조차 두려워하지 않았는데 민주인사들의 비평을 왜 두려워하겠는가? 기껏해야 질책이나 할 것이다. 그들이 「공동강령」으로 우리와 투쟁하려 한다면 투쟁하라고 하라. 군자는 말로써 상대를 설득시키지 주먹을 쓰지 않는다고 했다. 비평하지 못하게 하면 그들은 면전에서 말하지 못하면 뒤에서 말할 것이다. 그렇게 되면 결국 종파주의가 생길 것이다. 당 내부에서도 마찬가지이다. 그러므로 반드시 터놓고 말하게 해야 한다. 항일전쟁 시기 우리는 민주당파에 대해 '단결, 항일전쟁, 진보'라는 구호가 있었다. 이제는 '단결, 건설, 진보'라는 구호가 있어야 한다.”고 말했다. 마오쩌둥의 이 발언은 통일전선 공작의 중요성, 특히 민주당파와 민주인사의 중요성을 정확히 인식하게 하였으며, 새로운 전략적인 높이를 제시하였다.

  사회주의 사회에 들어와서는 더 이상 민주당파의 존재 여부를 거론하는 사람은 없었지만, 중국공산당과 민주당파의 관계에서 어떤 방침을 취해야 하는 지에 대해서는 한층 더 분명히 할 필요가 있게 되었다. 생산자재 사유제에 대한 사회주의 개조를 완료하고 사회주의 기본제도를 수립한 뒤인 1956년 2월 14일부터 4월 24일까지, 마오쩌둥은 43일간 대대적인 조사연구를 벌여, 국무원 34개 부문의 업무

보고와 국가계획위원회의 제2차 5개년 계획에 관한 보고를 들었으며, 최후로 「10가지 관계를 논함(論十大關系)」이라는 저명한 글이 나오게 되었다. 그는 4월 19일 리푸췬(李富春)으로부터 제2차 5개년 계획에 대한 보고를 받을 때, 경제문제를 연해와 내륙의 관계, 경공업과 중공업의 관계, 개인과 집단의 관계로 요약하면서 동시에 '두 개의 만세'라는 구호를 제시했다. 바로 "공산당 만세, 민주당파도 만세"이다. 그들이 우리를 지켜볼 수 있도록 하는 것도 민주의 한 가지이다. 중국공산당은 두 가지를 두려워한다. 하나는 백성이고 다른 하나는 민주 인사이다"고 말했다. 여기서 '지켜보다'와 '두려워하다'는 것은, 공산당은 국민과 민주당파의 감독을 받아야 한다는 것을 마오쩌둥이 형상적으로 표현한 것이다.[54] 4월 25일 마오쩌둥은 각 성 시 자치구의 당위원회 서기가 참석한 가운데 열린 중국공산당 중앙위원회 정치국 확대회의에서 「10가지 관계를 논함(論十大關系)」이라는 제목의 중요한 연설을 했다. 그는 이 연설의 일곱 번째 문제인 「당과 비(非)당의 관계」에 대한 논술에서 사회주의 혁명과 건설에서 민주당파의 존재가 중국공산당의 집권에 어떤 의미를 갖는가에 대해 설명했다. 그는 "한 당만 있는 게 좋은가, 아니면 여러 당이 있는 게 좋은가? 지금 보면 여러 당이 있는 게 좋을 것 같다. 과거에도 그랬지만 앞으로도 그럴 것이다. 장기 공존하고 상호 감독할 것이다"[55]라고 했다. 여기에서 그는 "공산당 만세, 민주당파도 만세"라는 형상적인 표현을 "장기 공존, 상

---

54. 『毛澤東年譜 (1949-1976년)』 제2권, 앞의 책, 562-563쪽.
55. 『毛澤東文集』 7권, 앞의 책, 34쪽.

호 감독"이라는 규범화된 표현으로 바꾸었다. 이는 "두 개의 만세" 사상이 중국공산당이 민주당파를 대함에 있어서의 기본 방침이 되고 있음을 설명한다. 마오쩌둥은 이 문제를 다루면서 "우리는 소련과 다르다"고 말하기도 했다. 중국공산당의 이 같은 정당제도 도입은 중국의 국정과 인민민주주의의 요구에 따른 역사적 선택이었음을 보여준다. 그는 연설에서 "통일전선 사업을 잘 하여 우리와의 관계를 개선하고, 될수록 그들의 적극성을 동원하여 사회주의를 위해 복무할 수 있도록 해야 한다"[56]고 전 당에 주문했다. 마오쩌둥은 나중에 이 사상의 형성을 언급할 때, "장기 공존의 사상은 형성된 지 오래다", "각 당파가 상호 감독하는 사실은 이미 존재하고 있다", 이는 "갑작스럽게 꺼낸 것이 아니라, 이미 몇 년 동안 준비해 왔던 것이다."[57]라고 말했다.

마오쩌둥은 '장기 공존', '상호 감독' 방침을 왜 제시했는지에 대해 네 가지 중대한 문제를 강조했다.

(1) "한 당만 있는 게 좋은가, 아니면 여러 당이 있는 게 좋은가? 지금 보면 여러 당이 있는 게 좋을 것 같다." 즉 중국이 신민주주의에서 사회주의로의 과도 기간에 사회주의 기본 경제제도를 건립하는 역사적 과정에서 의식적으로 민주당파를 보류한 것은 '좋다'고 본 것이며, 정치적으로 중국공산당이 영도하는 다당 협력제도는 '좋다'고 본 것이다.

---

56. 위의 책, 34-36쪽.
57. 위의 책, 234-235쪽.

(2) "우리는 소련과 다르다"는 것은 중국공산당이 신민주주의 혁명의 승리를 거두고 신민주주의 사회에 진입했음에도 서양과 같은 양당제나 다당제를 시행하지 않았다는 것이다. 또한 지금은 사회주의 개조에 승리해 사회주의 사회에 진입했지만 소련과 같은 일당제를 시행하지 않는다는 것이다.

(3) "과거에도 그랬지만 앞으로도 그럴 것이다. 장기 공존하고 상호 감독할 것이다" 즉 과거 신민주주의 사회에서 사회주의 사회로의 과도기는 물론, 현재와 미래의 사회주의 사회에서 중국공산당 만세라고 하면, 민주당파도 만세라는 것이다. 중국공산당이 민주당파와 관계를 처리함에 있어서 실행하는 기본 방침은 "장기 공존, 상호 감독"이라는 것이다.

(4) "통일전선 사업을 잘 하여 우리와의 관계를 개선하고, 될수록 그들의 적극성을 동원하여 사회주의를 위해 복무할 수 있도록 해야 한다" 즉 사회주의 통일전선 사업을 추진할 때, "장기 공존, 상호 감독"의 방침에 따라 "그들의 적극성을 동원해 사회주의를 위해 복무할 수 있도록 해야 한다"는 것이었다.

1956년 류사오치(劉少奇)는 중국공산당 제8차 전국대표대회 보고에서 중국공산당 중앙위원회를 대표해 "장기 공존, 상호 감독"은 중국공산당과 민주당파 관계에서의 기본 방침이라고 공식화했다. 이 방침의 확립은 중국공산당과 민주당파 간에 사회주의 기반 위에서 새로운 정당관계가 형성되었음을 의미한다. 이 관계는 두 가지 기본 특징이 있다. 즉 각 민주당파가 자원적으로 중국공산당의 영도를 받아들인 것, 중국공산당과 각 민주당파가 장기 공존하고 상호 감독하는 것이다. 상술한 바와 같이 중국의 새로운 정당제도의 형성과 발전사에서, 중국인민정치협상회의 제1기 전체회의를 성공적으로 개최하고 「공동강령」을 채택함으로써, 중국공산당이 영도하는 다당 협력의 정당관계가 신민주주의 기초에서 형성되었다. 사회주의 기본 제도가 수립된 후, 마오쩌둥이 "장기 공존, 상호 감독"의 '8자(八字) 방침'을 내놓은 것을 표지로, 중국공산당이 영도하는 다당 협력의 정당관계가 사회주의 기초 위에서 한층 더 확고해졌다. 그 후에는 이런저런 잘못이 있더라도 누구도 이 중대한 정치 현실을 부정하거나 취소할 수 없게 되었다.

'8자 방침'에서 '16자 방침'으로.

역사는 지금까지 항상 파상적으로 추진되어 왔다. 역사의 굴곡은 복잡한 문제에 대한 우리의 인식을 더욱 깊게 하고, 더 정확하고 투철한 견해를 얻도록 하였다. 사회주의 발전의 역사 과정에서, 우리가 민주당파에 대한 문제상 오류를 범했다는 것은 두말할 필요가 없다. '문화대혁명'이 끝난 후, 중국공산당은 사상 해방과 오류를 바로잡아 혼란한 국면을 정리하는 과정에서 중국공산당이 영도하는 다당 협력의 정당제도를 견지하고 보완하기 위해, 역대 운동에서 충격 받고 모함 박해를 받았던 당 외 인사들의 억울한 누명을 벗겨주고, 중국공산당과 민주당파의 장기 공존, 상호 감독, 간담상조(肝胆相照 서로 진심을 터놓고 대하다), 영욕여공(榮辱与共 영광과 치욕을 함께하다)의 방침을 확정했다. 우선 오류를 바로잡아 혼란한 국면을 정리하는 과정, 역대 운동에서 충격 받고 모함 박해를 받은 당 외 인사들의 억울한 누명을 벗겨주었다. '문화대혁명'이 끝난 후, 특히 중국공산당 제11기 중앙위원회 제3차 전체회의에서 중국공산당 중앙위원회는 실사구시(實事求是 사실에 입각해 진리를 추구하다)의 사상노선을 견지하면서 '문화대혁명'과 그 이전의 역대 운동에서 억울한 사건, 날조된 사건, 오심 사건(冤假錯案)에 대해 대규모로 오류를 바로잡아 주었다. 그중에는 마인추(馬寅初), 페이샤오통(費孝通), 첸웨이창(錢偉長), 우한(吳晗), 젠버잔(翦伯贊), 황야오몐(黃藥眠), 타오따용(陶大鏞), 우징차오(吳景超) 등 애국 민주인사와 저명한 학자들이 포함되어 있다. 중국공산당 중앙위원회가 「건국 이래 당의 역사적 문제에 관한 결의」의 초안을 작성 토론하는 과정에서 덩샤오핑은 1957년 반우파 투쟁의 확대 오류와 우파로 잘못 분류된 동지들의 억울한 누명을 벗겨줄 때 관련자들에게 잘못 분류되지 않은 원 민주당파 저명인사들에게도 결론을 내려 줄 때, 몇 마디 첨가할 것을 요구했다. 즉 "반우파 투쟁 전, 특히 민주혁명 시기 그들은 좋은 일을 했다. 그들의 가족에 대해서는 차별 없이 대해야 하고, 생활, 직업, 정치적으로 적절하게 배려해야 한다."[58]는 것이었다. 역대 운동에서의 억울한 사건 날조된 사건 오심 사건(冤假錯案)의 오류를 바로잡은 것은 중국공산당이 영도하는 다당 협력을 견지 보완하는 데 중요한 토대가 마련됐다.

아울러 오류를 바로잡아 혼란한 국면을 정리하는 과정에서 민주

58. 『邓小平文选』 2권, 앞의 책, 294쪽.

당파의 성격을 재 인정했다. '문화대혁명'에서 린뱌오(林彪), 장칭(江靑) 그룹의 도행역시(倒行逆施 시대의 흐름에 역행하다) 공산당 간부들이 광범위한 타격과 잔혹한 박해를 받았을 뿐만 아니라, 각 민주당파와 공상업연합회도 할 수 없이 활동을 중단했고, 많은 성원들이 박해를 받았다. 하지만 그들 중 절대다수는 혹독한 시련을 이겨내고 공산당의 영도를 굳게 믿었으며 사회주의를 향한 결심을 움직이지 않았다. '문화대혁명'은 나쁜 일이지만 그것이 주는 뼈아픈 교훈에서 우리는 "사회주의란 무엇이고 어떻게 사회주의를 건설해야 할 것인가?"에 대한 인식이 심화되었으며, 사회주의 사회에서 민주당파의 문제 및 중국공산당과 관계에 대한 인식도 심화되었다. 덩샤오핑은 1979년 6월 15일 중국인민정치협상회의 제4기 전국위원회 제2차 회의 개회사에서 중국사회의 계급 상황에 대해 심층분석을 한 토대위에서, 사회주의 사회 민주당파의 성격 등 중대한 문제에 대해 논술했다. 그는 "이 30년 동안 우리 사회의 계급상황에는 근본적인 변화가 일어났다. 노동자 계급의 지위가 크게 강화되었고, 농민은 이미 20여 년의 역사를 가진 집단 농민이 되었다. 노동자와 농민연맹은 사회주의 현대화 건설의 새로운 기초 위에서 더욱 공고해졌고 발전했다. 광대한 지식인들은 구 사회에서 건너 온 노(老) 지식인들을 포함한 절대다수가 이미 노동자 계급의 일부가 되었으며, 자각적으로 사회주의 사업을 위해 복무하기 위해 노력하고 있다." "우리나라 자본가 계급이 원래 차지했던 생산 자료는 이미 국가로 넘어갔고, 고정 이자 지불도 정지한 지 이미 13년이나 되었다. 그들 중 노동능력이 있는 절대다수 사람들은 이미 사회주의 사회에서 자기 힘으로 생활해 나가는 노동자로 개조되었다" "이들은 이제 노동자로서 사회주의 현대화 건설 사업에 힘을 보태고 있다"고 말했다. 이런 전반적인 계급분석을 바탕으로 덩샤오핑은 "우리 나가 각 민주당파는 민주혁명의 영광스러운 역사가 있고, 사회주의 개조에도 중요한 공헌을 하였다. 중국 인민은 이런 것을 잊지 않을 것이다. 이들은 이제 각자 연계된 사회주의 노동자와 사회주의를 옹호하는 애국자의 정치 연맹이 되었으며, 모두 중국공산당의 영도 하에 사회주의를 위해 복무하는 정치 역량이 되었다"[59]고 말했다. 덩샤오핑의 이 중요한 연설은 오류를 시정하고 혼란한 국면을 정리하는 과정에 있는 중화 대지에서 지대한 영향을 미치었다.

민주당파의 성격을 확정하는 것은 중국공산당과 민주당파의 장기 공존, 상호 감독의 관계를 견지하고 발전시키는 데 있어서 매우 중요한 의의가 있다. 1979년 10월 19일 덩샤오핑은 전국인민정치협상회의와 중국공산당 중앙위원회 통일전선부가 각 민주당파와 중화전국공상업연합회 대표대회에 참석한 대표들을 초청한 연회에서 재차 "각 민주당파와 중화전국공상업연합회는 각자 연계하고 있는 일부분의 사회주의 노동자와 사회주의를 옹호하는 애국자들의 정치연맹과 인민단체가 되었으며, 사회주의를 위해 복무하는 정치적 역량이 되었다"고 말했다. 그러면서 "1956년 사회주의 제도가 확립된 이후 당 중앙과 마오쩌둥 동지는 한층 더 나아가 각 민주당파와 '장기 공존, 상

59. 위의 책, 185-186쪽.

호 감독'의 방침을 제시했다. 이는 장기간 변하지 않는 방침이다."[60]라고 했다. 그 이유는 다음과 같다. (1) 현대화 과정에서 공산당과 민주당파가 장기 공존하고 상호 감독하는 것은 안정과 단결을 강화하고 국가 대사를 잘 처리함에 있어서 매우 중요하기 때문이다. (2) 공산당의 집권당 지위로 인해 우리의 일부 동지들이 주관주의 관료주의와 종파주의 풍조에 물들기 쉬우므로, 우리 당은 각 민주당파를 포함한 각 방면의 이견을 수렴하고, 각 방면의 비평과 감독을 받음으로써 지혜를 모으고, 장점을 살리고 단점을 보완하며, 결함을 극복하고, 오류를 줄여야 한다.

중국공산당 중앙위원회 통일전선부는 새로운 시기 통일전선사업의 발전을 추진하고 통일전선사업에서 나타난 새로운 문제를 해결하기 위해, 1981년 12월 21일 베이징에서 전국통일전선사업회의를 열었다. 1982년 1월 5일, 후야오방(胡耀邦) 등 중앙 영도 동지들은 종난하이(中南海) 화이런탕(怀仁堂)에서 참석자 전원을 만나 좌담했다. 후야오방(胡耀邦)은 이 자리에서 "새로운 역사 시기, 당 외 친구들과 진정 '간담상조, 영욕여공'의 관계를 맺어야 한다"[61]고 말했다. 이는 공산당과 민주당파가 함께 '문화대혁명'의 시련을 겪고 난 후의 새로운 인식인 것인 것이 분명하다. 중국공산당 제12차 전국대표대회의 토론을 거쳐 '간담상조, 영욕여공' 여덟 글자는 마오쩌둥이 제시한 '장기 공존, 상호 감독'이라는 여덟 글자와 함께 중국공산당이 민주당파와의 관계를

---

60. 위의 책, 204-205쪽.
61. 『新时期统一战线文献选编』, 中共中央党校出版社, 1994, 165쪽.

처리하는 기본 방침으로 확정되었다. 중국공산당 제12차 전국대표대회는 "민주혁명 시기, 통일전선은 우리가 승리를 획득하는 중요한 '법보(法宝)'였다. 사회주의 건설 시기, 통일전선은 여전히 막중한 역할을 하고 있다. 우리 당은 '장기 공존, 상호 감독'과 '간담상조, 영욕여공'의 방침을 계속 견지하고, 각 민주당파, 무소속 인사와 소수민족 인사 및 종교계 애국 인사들과의 협력을 강화해야 한다."[62]고 했다. 이에 따라 중국공산당의 민주당파와의 관계를 다루는 '8자 방침'은 '16자 방침'으로 확대되었다. 1982년 11월 24일 덩샤오핑은 인민정치협상회의 제5기 전국위원회 제5차 회의 개막식에서 "우리의 통일전선은 과거 그 어느 때보다도 커져 가장 광범위한 애국통일전선이 되었고, 전도가 유망하며 발전의 여지가 많다. 우리는 반드시 '장기 공존, 상호 감독, 간담상조, 영욕여공'의 방침을 견지하고, 각 민주당파, 무소속 인사와 당 외 모든 애국적 친구들과 협력하여 우리나라 사회주의 건설의 새로운 국면을 열어나가고, 애국통일전선의 새로운 국면을 열어나가며, 인민정치협상회의 사업의 새로운 국면을 열어나가기 위해 공동으로 노력해야 한다"[63]고 했다.

시진핑은 2012년 12월 24일 하루와 25일 오전 8개 민주당파의 중앙위원회와 중화전국공상업연합회를 방문하여 실무자들을 만났으며, 각 민주당파 중앙위원회와 중화전국공상업연합회 지도자들과 각각 좌담회를 갖고, 중국공산당이 영도하는 다당 협력과 정치협상의

---

62. 『十二大以来重要文献选编』상, 앞의 책, 30쪽.
63. 『人民政协重要文献选编』중, 앞의 책, 375쪽.

대계를 논의했다. 좌담에서 그는, "공산당은 확고부동하게 중국공산당이 영도하는 다당 협력과 정치협상제도를 견지하고 완벽 화 할 것이며, 장기 공존, 상호 감독, 간담상조, 영욕여공의 방침을 견지할 것이며, 민주당파와의 협력을 강화해, 민주당파가 참정 의정 및 민주감독의 직능을 더 잘 수행할 수 있도록 지지할 것[64]"이라고 하였다. 2013년 2월 6일 그는 중난하이(中南海)에 각 민주당파 중앙위원회, 중화전국공상업연합회 신구 지도자, 무소속 인사 대표들을 초청해 음력설 맞이 행사를 할 때 "우리의 분투 목표를 달성하려면 전 국민이 함께 노력해야 하며, 중국공산당과 각 민주당파, 무소속 인사와의 단결과 협력을 강화해야 한다."[65]고 강조했다.

'참정당(参政党)' 개념의 제기.

중국공산당과 민주당파의 관계에 대해 논의하고 연구함에 있어서 가장 중요한 것은 중국공산당과 민주당파가 국가 정권 체계에서의 지위와 관계를 파악하는 것이다. 중국의 정당제도가 성숙됐는지를 알아보려면 역시 이 조항을 보아야 한다. 왜냐하면 정당제도는 국가 법률이 인정하는 정당이 국가 정권체계에서 법적으로 형성된 지위와 상관관계를 말하기 때문이다. 개혁개방 과정에서 중국공산당은 각 민주당파가 '참정당'이라고 했다. 그리하여 중국공산당과 각 민주당파 사이에는 '집권당'과 '참정당'이라는 이 참신한 관계가 형성되었다.

---

64. 『人民日报』, 2012년 12월 26일자.
65. 『人民日报』, 2013년 2월 8일자.

우리는 중국공산당과 민주당파의 관계가 통일전선 중에서 형성되었다는 것을 이미 알고 있다. 사회주의 사회에 진입해 내놓은 "장기 공존, 상호 감독"의 방침이든, 아니면 개혁개방 과정에서 내놓은 "장기 공존, 상호 감독, 간담상조(肝胆相照), 영욕여공(榮辱与共)"의 방침이든 모든 통일전선을 공고히 하고 발전시키기 위한 차원에서 나온 것이다. 그러나 중국공산당이 영도하는 다당 협력과 정치협상제도를 신형 정당제도로서 중국의 기본 정치제도로 확립한 것은 통일전선의 경험에 기초한 것일 뿐만 아니라, 특히 중국 특색의 사회주의 정치제도 특히 정당제도를 견지하고 발전시키기 위한 필요에 의한 것이다.

개혁개방 과정에서 이런 중대한 발전이 있게 된 것은 덩샤오핑이 중국공산당 제11기 중앙위원회 제3차 전체회의에서 "반드시 민주를 제도화, 법률화해야 한다."[66]고 말한 큰 배경 혹은 사고의 맥락에 의한 것이다. 중국공산당과 각 민주당파의 관계는 인민민주통일전선 속에서 형성되고 발전해 온 것으로, 근본적으로는 '인민민주'의 내부 관계에 속한다. 1956년 사회주의 개조가 기본적으로 완료되고, 계급 상황이 근본적으로 바뀌면서 각 민주당파는 계급 연맹 성격의 정당에서 정치연맹을 특징으로 하는 정당으로 발전했고, 중국공산당과 민주당파의 관계는 더구나 사회주의 국가의 인민 내부 관계로 되었다. 개혁개방 시기에 들어서면서 각 민주당파는 각자 연계된 일부 사회주의 노동자, 사회주의 사업의 건설자와 사회주의를 옹호하는 애국자들의 정치적 연맹으로 발전했고, 자발적으로 중국공산당의 영도를 받

---

66. 『邓小平文选』 2권, 앞의 책, 146쪽.

아들이고, 중국공산당과 협력하여 공동으로 사회주의 사업에 힘을 쏟는 친밀한 우호 정당으로 발전했으며, 그들과 중국공산당과의 관계도 당연히 중국 특색의 사회주의 민주정치의 중요한 부분으로 자리 잡았다. 이런 역사의 흐름 속에서 형성된 중국 특색의 민주정치가 어떻게 '제도화', '법률화' 될 수 있게 할 수 있을까? 덩샤오핑은 이 문제를 고민하기 시작했다. 이것이 바로 그가 1989년 1월 2일 "전문팀(성원들 중에는 반드시 민주당파가 있어야 함)을 만들어 민주당파 성원들이 참정하고 직무를 수행할 수 있도록 하는 전문적인 방안을 마련하라"고 지시한 유래이다. 이 지시에서는 "방안이 반드시 1년 내에 완성돼야 하며 내년에는 실행돼야 한다."[67]고 분명히 요구했다. 바로 이 지시에 따라 중국공산당은 1989년 12월 30일 「중국공산당이 영도하는 다당 협력과 정치협상제도를 견지하고 보완할 부분에 관한 의견」을 발표했다. 이 문건의 가장 큰 공헌 중 하나는 중국의 각 민주당파를 '참정당'으로 규정한 것이다. 앞서 언급한 대로, 이 문건의 작성과 발표, 특히 민주당파를 '참정당'으로 규정한 것은 중국 특색의 사회주의 민주가 제도화되는 과정에서 중국공산당이 영도하는 다당 협력과 정치협상제도가 '방침'으로부터 '정치제도'로, 다시 '기본 정치제도'로의 '정치제도'로서의 역사적 발전 과정을 완성하였음을 의미하는 것이다.

그럼 '참정당'이란 무엇이며, 왜 민주당파를 '참정당'이라고 규정하는 것일까?

---

67. 위의 책, 432쪽.

세계 정치학 사전에서 '참정당'이란 완전히 새로운 개념이다. 「중국 공산당이 영도하는 다당 협력과 정치협상제도를 견지하고 보완하는 것에 관한 중국공산당 중앙위원회의 의견」은 "중국공산당은 집권당으로서 11억 인구의 국가 정권을 이끌어 나가고 있으므로, 각종 의견과 비판이 매우 필요하며, 광범위한 인민대중의 감독을 받아야 한다. 각 민주당파는 대중의 의견을 반영하고 감독 역할을 하는 중요한 채널이다. 민주당파의 참정과 감독 역할을 강화하는 것은 중국공산당의 영도를 강화하고 개선하며, 사회주의 민주정치 건설을 추진하며, 국가의 장기적인 안정을 유지하고 개혁개방과 사회주의 건설 사업의 발전을 추진하는데 중요한 의의가 있다."고 했다. 이와 함께 이 문건에서는 특히 민주당파의 참정에 있어서 기본적인 것은 "하나의 참가와 세 개의 참여"라고 했다. 즉 "국가 정권에 참가하고, 국가의 국정 방침과 국가 지도자 인선 협상에 참여하고, 국가 사무의 관리에 참여하며, 국가의 방침, 정책, 법률, 법규의 제정과 시행에 참여한다."[68] 고 밝혔다. 이로부터 '참정당'은 '집권당'과 상호 대응하는 개념임을 알 수 있다. '참정당'과 '집권당'은 모두 정권과 관련돼 있지만, 구별은 "정권을 영도하는 것"과 "정권에 참가하는 것"'이다.

이와 함께, 「중국공산당이 영도하는 다당 협력과 정치협상 제도를 견지하고 보완하는 것에 관한 중국공산당 중앙위원회의 의견」은 어떻게 중국공산당과 각 민주당파 사이의 협력과 협상을 강화할 것인가? 어떻게 민주당파 성원과 무소속 인사가 인민대표대회에서의 역할

---

68. 『十三大以来重要文献选编』중, 앞의 책, 823쪽.

을 한층 더 발휘할 수 있도록 할 것인가? 어떻게 민주당파 성원과 무소속 인사들이 정부 및 사법기관에서 영도 직무를 담당하도록 추천할 것인가? 어떻게 민주당파가 인민정치협상회의에서의 역할을 한층 더 발휘할 수 있게 할 것인가? 어떻게 민주당파가 자체 건설을 강화하는 것을 지지할 것인가? 하는 등의 문제들에 대해 구체적으로 규정하였다. 예를 들면, 민주당파의 성원과 무소속 인사는 반드시 인민대표대회라는 이 국가 권력기관에서 인민대표대회 대표, 인민대표대회 상무위원회 위원, 인민대표대회 상설 전문위원회 위원 중 적당한 비율을 차지해야 한다고 규정했다. 또한 민주당파 성원과 무소속 인사들 중에서 정부기관에서 지도자 직무를 담당할 사람을 선발해야 하며, 민주당파 성원과 무소속 인사들 중 조건에 부합되는 사람들이 검찰 심판 기관의 영도 직무를 담당하도록 추천해야 한다고 규정한 것 등이 있다. 또 다른 예를 들면, 중국공산당 중앙위원회 주요 지도자는 각 민주당파의 주요 지도자와 무소속 인사들의 대표를 요청해 민주 협상을 해야 하는데, 이런 민주 협상에서 중국공산당 중앙위원회가 곧 내놓게 될 국정 방침 등의 문제에 대해 협상해야 하며, 이러한 협상회의는 1년에 한 번씩 개최해야 한다는 규정도 있다. 이런 구체적인 규정들은 "하나의 참가와 세 개의 참여"를 세분화해, 민주당파의 '참정당' 지위를 확실하게 했다.

'참정당' 사상의 형성과 제기는 사회주의 제도 하에서의 중국공산당과 민주당파의 우호관계를 견지하고 보완했으며, 중국 특색의 새로운 정당제도를 견지하고 보완했다고 말할 수 있다. 장쩌민은 "중국은 신해혁명 후 한때 서구의 다당제를 답습했다가 후에는 또 국민당의 일당독재를 실시했는데 결과는 모두 실패했다. 중국공산당은 마르크스주의 정당 학설을 활용하고, 국내외의 역사 교훈을 깊이 있게 종합하여 장기간의 혁명과 건설의 실천 속에서 일심협력하고 동고동락해온 각 민주당파와 함께 중국공산당이 영도하는 다당 협력과 정치협상제도를 창립하고 발전시켰다. 이 제도는 중국 인민이 장기간 분투한 결과이며, 또한 중국 인민의 정치적 경험과 지혜의 결정체이다. 중국 정당제도의 두드러진 특징은 공산당이 영도하고, 여러 당파가 협력하며, 공산당이 집권하고 여러 당파가 참정하는 것이다. 각 민주당파는 야당이나 반대당이 아닌, 중국공산당과 긴밀하게 협력하는 우의 당이자 참정당이다. 공산당과 각 민주당파는 국가의 중대한 문제에 있어서 민주적으로 협상하며, 과학적으로 정책을 결정하며, 역량을 집중해 큰일을 한다. 공산당과 각 민주당파는 상호 감독하여, 공산당의 영도를 개선하고 참정당의 건설을 강화하는 것을 추진한다. 이는 여러 당파 사이의 경쟁과 배척으로 인한 정치적 불안을 피했을 뿐만 아니라, 일당 독재와 감독의 부재로 인한 각종 폐해를 피했다. 중국 정당제도의 큰 강점이 바로 이것이며, 외국의 일당제나 다당제와의 근본적인 차이점도 이것이다."[69]라고 말했다.

　민주당파의 지도경력이 있는 경제학자 청스웨이(成思危)는 이 같은 정당제도에 깊은 감회를 가지고 있다. 그는 아주 특별한 비유로 중국공산당의 다당 협력과 정치협상제도를 설명한 적이 있다. "해외 몇몇

69. 『江澤民論有中國特色社會主義 (특집 발췌본)』, 앞의 책, 311쪽.

친구들이 독립적인 당파라면서 왜 공산당의 영도를 받느냐고 물어왔다. 나는 그들에게 이렇게 설명했다. 서구의 정당제도는 '럭비' 경기와도 같아 반드시 상대를 압도해야 한다. 하지만 중국의 정당제도는 대합창을 하는 것'과 같다. 민주당파와 중국공산당이 협력하는 것은 하나의 공통 목표를 위해서이고, 사회의 화합을 유지하기 위해서이다. 대 합창을 하려면 지휘자가 있어야 한다. 역사적으로 보나 현실적으로 보나 중국공산당만이 이 지휘자의 역할을 잘 할 수 있다. 대 합창을 하려면 주선율이 있어야 하는데, 이 주선율이 바로 중국 특색의 사회주의이다."

상술한 바와 같이, 민주당파는 중국공산당의 영도를 받아들이고, 중국공산당과 힘을 합쳐 협력하는 친밀한 우호 정당이며, 중국 특색 사회주의의 정당이다. 중국공산당과 민주당파의 관계는 (1) 민주당파가 자원적으로 중국공산당의 영도를 받아들이고, 중국공산당과 힘을 합쳐 협력하는 우당이다. (2) 중국공산당과 민주당파는 장기 공존하고, 상호 감독하며, "간담상조, 영욕여공"의 관계이다. (3) 중국공산당과 민주당파의 관계는 집정당과 참정당의 관계이다. 이러한 정당 관계 및 이로부터 형성된 정당제도는 일당제나 양당제 혹은 다당제보다 훨씬 우위에 있는 것이 분명하다.

제4장

중국의 신형 정당제도와
중국인민정치협상회의 관계

제4장
중국의 신형 정당제도와
중국인민정치협상회의 관계

우리는 중국의 정당과 정당제도 및 중국공산당과 각 민주당파의 관계에 대한 역사적 고찰에서 중국공산당이 영도하는 다당 협력과 정치협상제도라는 이 신형의 정당제는 중국인민정치협상회의와 밀접한 연관이 있음을 알 수 있다. 이 신형의 정당제도는 중국인민정치협상회의가 인민민주통일전선을 조직화하고 제도화하는 과정에서 형성된 것이다. 이번에는 이 새로운 정당제도가 중국인민정치협상회의와 어떤 연관이 있는지를 알아보려고 한다.

신형 정당제도와 인민정치협상회의는 모두 중국공산당의 통일전선 정책에서 기원한 것이다.

중국의 신형 정당제도의 형성과 발전의 역사를 살펴보면 이 제도와 중국인민정치협상회의는 모두 중국공산당이 영도하는 통일전선에서 만들어진 것임을 알 수 있다. 혹은 이 두 가지 정치제도가 모두 통일전선이라는 하나의 뿌리에서 성장했다고 말할 수 있다. 즉 통일전선이라는 하나의 덩굴에서 두 개의 커다란 결실을 맺은 것이다. 따라서 이 두 가지 제도는 하나의 뿌리를 가지고 있으며, 상호 연계되고 밀접한 연관이 있다.

통일전선은 중국혁명의 법보이다. 이것은 마오쩌둥이 종합해 낸 중요한 경험이다. 중국공산당원들이 마르크스 레닌주의와 중국혁명의 실천을 상호 결합시키는 과정에서, 마오쩌둥은 애초부터 중국의 사회구조가 마르크스주의가 탄생한 유럽의 자본주의 사회와 다르다는 점에 주목했다. 근대 이래의 중국경제는 사회화 생산과 관련되는 자본주의 경제의 요소가 존재하기는 했지만, 소 생산 경제 및 이와 관련된 봉건주의 경제가 주류를 이루고 있었다. 중국의 자본주의 경제는 외국자본의 침입으로 매판자본주의와 민족자본주의라는 두 가지 전혀 다른 자본주의 경제요소가 존재했다. 이로 인해 중국의 사회계급 상황은 유럽 국가들보다 훨씬 더 복잡했다. 따라서 중국에서 혁명을 영도하려면 마르크스주의 구체적 결론을 그대로 따를 것이 아니라, 마르크스 엥겔스처럼 역사적 유물주의 방법으로 중국의 사회 경제 및 이와 연관된 계급상황을 구체적으로 분석하고, 그 토대 위에서 반제국주의 반봉건주의 민주주의 혁명의 과제에 따라 적과 아군을 분류하여 광범위한 통일전선을 구축해야 했다. 마오쩌둥은 1925년 12월 1일에 발표한 「중국 사회 각 계급 분석(中國社會各階級的分析)」이라는 글의 첫머리에서 "우리의 적은 누구이고, 친구는 누구인가? 이것은 혁명에서 가장 중요한 문제이다."[70]라고 했다. 그는 중국사회 각 계급의 경제적 지위 및 혁명에 대한 태도를 분석하고 나서 "제국주의와 결탁

---

70. 『毛澤東选集』 1권, 앞의 책, 3쪽.

한 군벌·관료·매판계급·대지주계급 및 그에 부속된 일부분 반동 지식인 계층은 우리의 적이다. 공업 무산계급은 우리 혁명의 영도 계급이다. 모든 반(半)무산계급과 소자산계급은 우리의 가장 가까운 벗이다. 흔들리는 중산계급 중 그 우익은 우리의 적일 가능성이 있지만 그 좌익은 우리의 벗일 가능성도 있다. 하지만 그들이 우리의 전선을 교란하지 못하도록 항상 경계해야 한다."[71]고 했다.

이러한 분석과 결론, 그리고 훗날 실패의 쓰라린 교훈을 포함한 많은 실천 경험 속에서 마오쩌둥을 대표로 하는 중국공산당원들은 중국혁명의 승리를 쟁취할 '3대 법보'를 찾아냈다. 이 '3대 법보'는 "통일전선, 무장투쟁, 당 건설"이다. 통일전선은 절대다수의 벗들을 단결시켜 규모가 크고 기세가 드높은 혁명대오를 결성할 수 있는 법보이다. 무장투쟁은 손에 무기를 들고 우리를 학살하려는 적에게 이길 수 있는 법보이다. 당 건설은 당의 자체 건설을 강화함으로써 통일전선과 무장투쟁이라는 이 두 가지 무기를 잘 장악할 수 있는 법보이다. 마오쩌둥은 정치란 우리를 옹호하는 사람이 많아지게 하고, 우리를 반대하는 사람이 적어지게 하는 것이라고 말했다. 통일전선 사업은 가장 큰 정치 사업이다. 그러므로 중국공산당의 전략사상과 책략사상에서 통일전선 이론은 아주 중요한 구성부분이라고 할 수 있다.

모든 사물이 다 성숙되는 과정이 있듯이, 중국공산당도 통일전선 문제에서 실천으로부터 이론에 이르기까지 일련의 중요한 발전단계를 거쳐 왔다. 중국공산당이 영도하는 신민주주의혁명 시기, 북벌전쟁

---

71. 위의 책, 9쪽.

전후 국공(國共)합작의 파국에 이르기까지 중국공산당은 통일전선을 건립하는 중요성을 알게 되었으며, 통일전선 문제에서 우경과 '좌경' 의 오류도 겪었다. 항일전쟁 개시 전후, 국공 제2차 합작과정에서 중국공산당은 '좌경'과 우경의 교란을 이겨냈고, 항일민족통일전선을 건립하는 과정에서 과학적이고 성숙된 통일전선 이론을 형성하였을 뿐만 아니라, 실천 속에서 두 개의 통일전선을 개척해 내었다. 그 중 하나는 국민당과 교섭하는 통일전선이고, 다른 하나는 항일 당파와 단체를 포함한 절대다수의 항일 대중을 단결하는 통일전선이다. 그중에서도 절대다수의 항일 대중을 단결시키 통일전선 및 그 통일전선을 구축하는 과정에서 누적된 경험들은 그 후 인민민주통일전선을 형성하는데 탄탄한 기반을 마련했다. 해방전쟁과 전국적인 승리를 쟁취하는 진군 과정에서 장제스의 국민당은 인민의 공적이 되었으며, 중국 혁명은 가장 광범위한 인민민주통일전선을 형성하였다. 중국공산당의 통일전선 실천은 '북벌전쟁 시기 국공합작'으로부터 '항일민족통일전선', 그리고 다시 '인민민주통일전선'이라는 세 개의 발전 과정을 거쳤다. 바로 이처럼 인민민주통일전선이 형성되고 발전하는 과정에서, 중국공산당은 인민을 영도하여 제국주의·봉건주의·관료자본주의라는 세 개의 큰 산을 무너뜨리고 민족 독립과 인민 해방, 신 중국 창립을 이루어 냈다. 개혁개방이 시작되자, 덩샤오핑은 중국 사회주의 현대화 건설시기 사회 구조와 계급구조가 변화된 데에 비추어 '인민민주통일전선'을 한층 더 확대하여, "사회주의를 옹호하는 애국자"와 "조국통일을 옹호하는 애국자"들을 포함한 "중국인민 애국통일전선"

을 결성했다. 개혁개방 과정에서, 특히 사회주의 시장경제의 수립 과정에서 중국에는 개인 경영업자(个体户), 개인 기업주를 포함한 새로운 사회계층이 나타났는데, 중국공산당은 이를 "중국 특색의 사회주의 사업의 건설자"라고 통칭한다. 시진핑 총서기가 중화민족의 위대한 부흥이라는 중국의 꿈을 실현하기 위해 분투해야 한다는 위대한 임무를 제시하자 국내외에서 광범위하게 호응이 이어졌고, 이로부터 '애국자'라는 이름도 "사회주의를 옹호하는 애국자, 조국 통일을 옹호하고 중화민족의 위대한 부흥에 힘쓰는 애국자"로 확대되었다. 중국 인민정치협상회의 제13기 전국위원회 제1차회의에서 통과된 규정은 애국통일전선을 "중국공산당이 영도하고, 노농연맹을 기초로 하며, 각 민주당파·무소속 인사·인민단체·소수민족 인사와 각계 애국인사들이 참가한, 사회주의 노동자·사화주의 사업의 건설자 사회주의를 옹호하는 애국자·조국통일을 옹호하고 중화민족의 위대한 부흥에 힘쓰는 애국자로 구성되는데, 그중에는 홍콩특별행정구의 동포·마카오특별행정구의 동포·타이완동포와 해외 동포까지 포함되었으며, 가장 광범위한 애국통일전선이다."라고 서술했다.

중국과 중국공산당, 중국의 정당제도를 이해하고 중국의 정치에 대해 이해하려면 반드시 중국공산당의 통일전선 이론에 대해 알아야 한다. 신 중국 탄생의 역사를 살펴보면 신 중국의 국체로부터 중국의 정당제도에 이르기까지, 신 중국의 기본 정치제도로부터 근본 정치제도에 이르기까지 어느 것 하나 통일전선과 연관되지 않은 것이 없으며, 어느 것 하나 통일전선에서 기인하지 않은 것이 없다.

신 중국의 인민민주독재의 국체는 통일전선에서 기원한 것이다. 마오쩌둥은 "노동자계급, 농민계급, 도시소자산계급과 민족자산계급을 단결시켜, 노동자계급의 영도 아래, 국내 통일전선을 형성하고, 이로부터 노동자계급이 영도하고 노농동맹을 기초로 하는 인민민주독재의 국가를 건립하는 데로 발전할 것이다."[72]라고 말했다.

중국인민정치협상회의도 통일전선에서 기원한 것이다. 마오쩌둥은 "새 정치협상회의는 1948년 5월 1일 중국공산당이 전국 인민에게 개최하자고 제의한 것이다. 이 제의는 신속히 전국 각 민주당파, 각 인민단체, 각계 민주인사, 국내 소수민족과 해외 화교들의 호응을 받았다. 중국공산당, 각 민주당파, 각 인민단체, 각계 민주인사, 국내 소수민족과 해외 화교들은 반드시 제국주의 봉건주의 관료자본주의와 국민당 반동통치를 타도하고, 각 민주당파, 각 인민단체, 각계 민주인사, 국내 소수민족과 해외화교 대표들을 포함한 정치협상회의를 소집해 중화인민공화국의 창립을 선포하고, 이 공화국의 민주연합정부를 대표할 수 있는 대표를 선출해야만 우리의 위대한 조국이 반식민지 반봉건의 운명에서 벗어나 독립·자유·평화·통일·강성의 길로 나갈 수 있다"[73]고 말했다. 중국공산당이 영도하는 다당 협력과 정치협상제도라는 이 기본 정치제도와 신형 정당제도는 통일전선에서 기원한 것이다. 1989년 12월 30일에 통과된 「중국공산당이 영도하는 다당 협력과 정치협상제도를 견지하고 보완하는 데에 관한 중국공산당

---

72. 위의 책, 4권, 1472쪽.
73. 위의 책, 1463-1464쪽.

중앙위원회의 의견」은 "중국공산당이 영도하는 다당 협력과 정치협상제도는 장기간의 혁명과 건설 과정에서 형성되고 발전해 왔다. 민주혁명 시기, 각 민주당파는 중국공산당과 장기간 협력해 왔고, 신민주주의 혁명의 승리와 중화인민공화국의 창립에 중요한 공헌을 하였다. 신 중국 건국 이후, 각 민주당파는 인민정권과 인민정치협상회의에 참가하여, 인민민주독재를 공고히 하고, 사회주의 개조를 실현하고 사회주의 사업의 순조로운 발전을 추진하며, 개혁개방을 추진하고 사회주의 현대화 건설을 진행하기 위해 중요한 역할을 했다. 실천이 보여주다시피 각 민주당파는 중국공산당과 장기간 고난을 같이해 온 친밀한 전우이고, 중국의 애국통일전선의 중요한 역량이며, 또한 중국의 안정과 단결을 수호하고, 사회주의 현대화 건설과 조국 통일을 추진하는 중요한 역량이다."[74]라고 했다.

중국인민대표대회라는 이 근본적인 정치제도도 통일전선에 기원한다. 마오쩌둥은 1953년 1월 13일 당 외 인사들과의 좌담에서 "중국인민정치협상회의 공동강령의 규정에 따라, 전국인민대표대회 및 지방 각급 인민대표대회를 개최할 조건이 성숙되었다. 이는 중국 인민이 피 흘려 싸우고, 민주를 위해 수십 년 간 분투함으로써 쟁취한 위대한 승리이다. 인민대표대회의 개최는 인민민주를 더욱 고양하고 국가 건설과 항미원조(抗美援朝) 투쟁을 강화할 수 있다"고 말했다. 그는 특히 "인민대표대회를 제의한 정부는 여전히 전국 각 민족, 각 민주계급, 각 민주당파와 각 인민단체의 통일전선 정부이며, 이는 전국

74. 『人民政协重要文献选编』 중, 앞의 책, 479-480쪽.

인민에게 모두 유리하다."[75]고 말했다. 통일전선을 하나의 덩굴이라고 하면, 중국의 국체, 정당제도, 기본 정치제도, 근본 정치제도 등 중국의 정치제도들은 이 덩굴에 열린 하나 또 하나의 커다란 열매인 셈이다. 중국공산당이 영도하는 중국 각 측의 역량이 단결하여 이루어진 통일전선은 중국 각 방면의 정치제도가 형성된 견실한 기초이며, 중국 각 방면 정치제도를 이어주는 내적 논리라고 말할 수 있다. 중국의 정치는 전국 통일의 전체주의 정치라고 말하는 사람이 있다. 이런 견해는 중국의 정치 기반이 중국 인민에게 있고, 중국 인민의 단결에 있으며, 중국의 가장 광범위한 인민민주에 있음을 보지 못한 것이다. 중국의 정치에 대해 알려면, 중국의 민주제도에 대해 이해해야 하며, 그러려면 반드시 먼저 중국의 통일전선에 대해 이해해야 한다. 같은 이치로, 중국의 신형 정당제도와 인민정치협상회의 관계에 대해 알려면, 반드시 중국의 이 두 가지 정치제도가 모두 통일전선에서 기원한 것임을 알아야 한다. 중국공산당이 영도하는 다당 협력과 정치협상제도라는 이 신형의 정당제도는 까닭 없이 나타난 것이 아니라, 인민민주통일전선의 형성과 발전 과정에서 중국인민정치협상회의가 개최되면서 기반을 닦고, 인민정치협상 사업의 발전과 더불어 확립된 것이다. 그러므로 이 두 가지 정치제도는 하나의 뿌리를 가지고 있으며, 상호 연계되고, 극히 밀접한 관계를 가지고 있다. 다른 점이라면, 중국공산당이 영도하는 다당 협력과 정치협상제도라는 이 신형 정당제도는 정당 사이의 통일전선이 발전하는 과정에서 형성된 것이고,

---

75. 『毛泽东传(1949-1976)』 1권, 中央文献出版社, 2004, 310쪽.

중국인민정치협상회의는 정당 사이의 관계도 포함하지만 또 정당 사이의 통일전선보다 더 광범위한 각 계급, 각 민족의 인민으로 구성된 인민민주통일전선이 발전하는 과정에서 만들어진 것이다. 현재의 통일전선은 중국 인민의 가장 광범위한 애국통일전선이며, 이와 결부되어, 인민정치협상회의 참가 부문들로부터 활동 방식에 이르기까지 모두 한층 더 넓어졌다. 오늘날의 인민정치협상회의에는 중국공산당과 각 민주당파, 무소속 인사 외에도 각 인민단체, 각계와 각 민족, 각 종교 및 광범위한 해외 동포, 타이, 홍콩, 마카오의 대표들도 있다. 하지만 인민정치협상회의 주요 구성원은 여전히 중국공산당과 각 민주당파, 무소속 인사이다. 즉 신형 정당제도와 인민정치협상회의 이 두 정치제도는 서로 연관이 있으면서도 구별되는 것이다.

중국공산당이 영도하는 다당 협력과 정치 협상의 중요 기구.

중국공산당이 영도하는 다당 협력과 정치협상제도라는 이 신형의 정당제도와 중국인민정치협상회의가 어떤 관계인지 좀 더 구체적으로 살펴보려면, 중국인민정치협상회의는 중국인민의 애국통일전선 조직이며, 중국공산당이 영도하는 다당 협력과 정치협상의 중요한 기구임을 반드시 알아야 한다. 이는 중국인민정치협상회의 정관에 명시된 것이다. 인민정치협상회의는 중국공산당이 마르크스 레닌주의 통일전선 이론, 정당 이론, 민주정치 이론을 중국의 실제와 상호 결합한 위대한 성과로, 중국공산당이 각 민주당파와 무수속 인사, 인민단체와 각 민족, 각계 인사들을 영도하여 진행한 정치제도의 위대한 창조이다. 인민정치협상회의의 출범 초기, 「중국인민정치협상회의 공동 강령」은 인민정치협상회의는 "인민민주통일전선의 조직 형태"[76]라고 규정하였다. 1954년 제1기 전국인민대표대회가 개최된 후, 중국인민정치협상회의는 더는 중국인민대표대회의 직권을 대행하지 않았다. 중국인민정치협상회의 제2기 전국위원회 제1차 전체회의는 「중국인민정치협상회의 정관」을 통과시켰다. 그 후부터 중국인민정치협상회의는 이 정관을 근거로 직능을 수행했다. 이 정관은 인민정치협상회의는 "인민민주통일전선 조직"이라고 강조했다. '문화대혁명'이 끝난 후인 1982년 12월 11일, 중국인민정치협상회의 제5기 전국위원회 제5차 회의에서 통과된 정관은 인민정치협상회의를 "인민민주통일전선 조직"으로부터 "중국 인민의 애국통일전선 조직"으로 바꿨다. 이와 함께 "중국인민정치협상회의는 우리나라의 정치생활에서 사회주의 민주를 선양하는 중요한 형식"[77]이라고 지적했다. 1989년 12월 30일에 통과된 "중국공산당이 영도하는 다당 협력과 정치협상제도를 견지하고 보완하는 것에 관한 중국공산당 중앙위원회의 의견"은 처음으로 중국의 정당제도를 "중국공산당이 영도하는 다당 협력과 정치협상제도"라고 천명했으며 "인민정치협상회의는 우리나라 애국통일전선 조직이고 또한 중국공산당이 영도하는 다당 협력과 정치협상의 중요한 조직 형식"[78]이라고 명시했다. 이에 더해 1994년 3월 중국인민정치협상회

---

76. 『人民政协重要文献选编』 상, 앞의 책, 80쪽.
77. 위의 책, 406-407쪽.
78. 위의 책, 중, 485쪽.

의 제8기 전국위원회 제2차 회의에서 정관을 개정하면서 원래의 "중국인민정치협상회의는 중국 인민의 애국통일전선 조직"이라는 내용에 "중국공산당이 영도하는 다당 협력과 정치협상의 중요 기구"[79]라는 문구를 추가했다. 이후 「인민정치협상회의 정관」은 여러 차례 개정됐지만, 인민정치협상회의는 "중국공산당이 영도하는 다당 협력과 정치협상의 중요한 기구"라는 규정은 변함이 없었다. 일례로 2004년 3월 12일 중국인민정치협상회의 제10기 전국위원회 제2차 회의에서 통과된 정관 개정안은, 1995년 1월 4일 중국인민정치협상회의 제8기 전국위원회 상무위원회 제9차 회의의 「정치 협상, 민주 감독, 참정 의정에 관한 정치협상회의 전국위원회의 규정」에 따라 인민정치협상회의 성질을 "중국인민정치협상회의는 중국 인민의 애국통일전선 조직으로, 중국공산당이 영도하는 다당 협력과 정치 협상의 중요한 기구이고, 우리나라 정치 생활에서 사회주의 민주를 선양하는 중요한 형식이다"[80]라고 규범화했다. 또한 2018년 3월 15일 중국인민정치협상회의 제13기 전국위원회 제1차 회의에서 통과된 정관 개정안은 인민정치협상회의 성질을 "중국인민정치협상회의는 중국인민애국통일전선 조직으로, 중국공산당이 영도하는 다당 협력과 정치 협상의 중요한 기구이고, 우리나라 정치 생활에서 사회주의 민주를 발양하는 중요한 형식이며, 국가 관리체계의 중요한 구성 부분이고, 중국 특색의 제도적

---

79. 위의 책, 538쪽, 551쪽.
80. 위의 책, 하, 692쪽.

배치"[81]라고 규정했다. 인민정치협상회의 정관 중 인민정치협상회의 성격에 관한 인식의 발전 과정을 살펴보면, 1989년 12월부터 중국공산당이 영도하는 다당 협력과 정치협상제도가 중국 사회주의 정당제도임을 분명히 한 동시에 이미 인민정치협상회의가 이 정당제도의 중요한 조직 형태라고 제시했다는 점에 주목할 수 있다. 1994년 3월에 개정한 정치협상회의 정관은 한층 더 나아가 인민정치협상회의를 "중국공산당이 영도하는 다당 협력과 정치협상의 중요한 기구"로 규정했다. 이러한 규정은 지금까지도 계속 사용되고 있다.

현행 인민정치협상회의 정관에서, 인민정치협상회의 성격에 관한 표현법은 다섯 개의 문장으로 되어 있다. 그중 주어는 '중국인민정치협상회의'이고, 목적어는 "내용+형식"이라는 표현을 쓴다. 이 다섯 구절에서 앞 세 마디의 목적어는 각각 중국인민정치협상회의가 형식상 '조직', '중요 기구', '중요 형식'임을 강조했다는 데 주목할 수 있다. 그러므로 언론에서 중국의 '양회(兩會, 전국인민대표대회와 전국인민정치협상회의)'를 보도할 때, 인민정치협상회의 개최에 대해서는 '조직', '기구', '형식'이 회의를 개최하는 것이기 때문에, '중국인민정치협상회의 제○기 전국위원회 제○차 회의'라는 표현을 쓰고, 인민대표대회의 개최를 보도할 때에는 '권력기관'이 회의를 개최하는 것이기 때문에 '제○기 전국인민대표대회 제○차 회의'라는 표현을 쓴다. 이 미세한 차이로부터 우리는 인민정치협상회의는 중국공산당이 영도하는 다당 협력과 정치 협상의 '중요 기구'이자, 중국의 신형 정당제도 중

81. 『人民日报』, 2018년 3월 28일자.

각 당파, 특히 각 민주당파와 무소속 인사들이 활동을 전개하는 '중요 기구'라는 것을 알 수 있다. 중국의 신형 정당제도도 유명무실하거나 허무맹랑한 것이 아니라, 각 당파가 활동할 수 있는 '중요한 기구'가 있는 정당제도이다. 그러므로 시진핑 총서기는 2019년 9월 20일에 개최한 중국공산당 중앙위원회 정치협상회의업무회의 및 중국인민정치협상회의 창립 70주년 경축대회 연설에서 "중국 신형 정당제도를 견지하고 보완해야 함"을 언급할 때, "인민정치협상회의는 민주당파와 무소속 인사들이 정치협상회의에서 더욱 잘 기능을 발휘할 수 있도록 여건을 만들어야 한다."[82]고 강조했다.

그렇다면 인민정치협상회의는 왜 중국공산당이 영도하는 다당 협력과 정치 협상의 중요한 기구인가?

우선 중국인민정치협상회의는 중국공산당이 영도하는 다당 협력의 중요한 기구이다. 인민정치협상회의는 중국공산당이 1948년 '51구호'를 발표한 후, 중국공산당이 제안하고 각 민주당파와 무소속 인사들이 호응 및 스스로 공산당의 영도를 받아들인 배경 하에 결성됐다. 인민정치협상회의는 창립 일부터 '당파성' 조직이라는 특징을 가지고 있었으며, 합의된 공동 강령에 따라 사업을 전개해 왔다. 당시 중국공산당이 영도하는 다당 협력의 가장 큰 성과는 중국인민정치협상회의라는 이 중요한 기구를 통해 중화인민공화국을 창립하고, 중앙인민정부위원회를 선출했으며, 수도·기년·국기·국가를 확정하고, 그 후 또 건국기념일과 국장을 확정했던 것이다. 전국인민대표대회 권한

---

82. 『人民日报』, 2019년 9월 21일자.

대행을 마치고 나서는 자체 정관에 따라 업무를 시작했으며, 인민정치협상회의는 '당파성' 조직 즉 다당 협력과 정치 협상의 중요한 기구임을 더욱 분명히 했다. 당시 마오쩌둥은 "인민정치협상회의는 전국 각 민족, 각 민주계급, 각 민주당파, 각 인민단체, 해외 화교와 기타 애국 민주인사들의 통일전선 조직으로 당파적이며, 그 구성원들은 주로 당파, 단체에서 추천한 대표이다."[83]라고 하였다. 즉 인민정치협상회의는 "한편으로는 국가기관과 다르고, 다른 한편으로는 일반 인민단체와도 다른, 당파성 인민민주통일전선 조직"으로서, 그 기본 임무는 "'중국공산당의 영도 하에 각 민주당파, 인민단체를 단결시킴으로써 전국 각 민족 인민을 더욱 광범위하게 단결시키고, 공동의 노력으로 어려움을 극복하고, 헌법의 실행과 위대한 사회주의 국가를 건설하기 위해 분투하는 것"[84]이라고 강조했던 것이다. 이것이 바로 당시 인민정치협상회의에 대한 인식이다. 이는 인민정치협상회의가 중국공산당이 각 민주당파와 인민단체를 영도하여, 인민민주통일전선의 원칙에 따라, 다당 협력을 하는 중요한 조직 형식이자 중요한 기구라는 점을 반영한 것이다. 오늘날 인민정치협상회의는 각 당파와 인민단체 및 기타 각계의 대표 인사들로 구성된 가장 광범위한 애국통일전선조직으로 발전했지만, 중국공산당이 영도하는 다당 협력은 여전히 가장 중요한 특징으로 남아 있다. 일례로, 인민정치협상회의 주석과 부주석은 주로 중국공산당과 각 민주당파의 지도자로 구성돼 있다.

---

83. 위의 책, 상, 201쪽.
84. 위의 책, 219쪽.

인민정치협상회의가 아무리 발전 변화한다 하더라도 '당파성'의 중요한 협력 기구라는 이 성질은 줄곧 변하지 않았다고 해도 과언이 아니다. 동시에 중국인민정치협상회의는 중국공산당이 영도하는 다당파 정치 협상의 중요 기구이다. 시진핑 총서기는 2014년 9월 21일 인민정치협상회의 창립 65주년 경축대회에서 "중국 사회주의 제도 하에서 일이 있으면 의논하고, 많은 사람들의 일은 많은 사람들이 상의해 사회 전체의 의사와 요구의 최대 공약수를 찾아내는 것이 인민민주의 요체"[85]라고 말했다.

인민민주정협은 출범 초기부터 '협상'을 사업 방식으로 삼았다. 저우언라이(周恩來)는 "신민주주의가 공무를 논의함에 있어서의 특징의 하나는 회의 전 다자간 협상과 준비를 거쳐 사람들이 토론, 결정하려는 일에 대해 미리 인식하고 이해한 뒤 다시 회의에서 토론하여 결정함으로써 공동 합의를 이루는 것"[86]이라고 말했다. 예를 들면, 중화인민공화국이라는 국명을 두고, 신 중국 건국 준비를 할 때 어떤 사람들은 '중화인민민주공화국'이라고 하자고 주장했고, 또 어떤 사람들은 '중화인민민주국'이라고 하자고 주장했으며, 또 어떤 사람들은 '중화인민공화국'이라고 하자고 주장했다. 그리고 정식 명칭을 '중화인민공화국'이라고 하고 약칭을 '중화민국'이라고 하자고 주장하는 사람도 있었다. 결국 인민정치협상회의에서 중국공산당과 각 민주당파, 무소속 인사들이 거듭 협상한 끝에 '중화인민공화국'으로 확정됐다. 그러

---

85. 『시진핑 국정 운영을 말하다(习近平谈治国理政)』 2권, 外文出版社, 2017, 292쪽.
86. 『人民政协重要文献选编』 상, 앞의 책, 29쪽.

므로 '정치 협상'은 인민정치협상회의 정관에 규정된 "정치 협상, 민주 감독, 참정, 의정" 3대 직능 중 중요한 직능의 하나인 것이다. 인민정치협상회의의 이런 사업방식과 활동방식은 커다란 우월성을 보여 주었으며, 중국공산당이 민주당파, 무소속 인사들과의 협력에서 다당 협력의 중요한 사업방식과 활동방식으로 자리 잡았다. 인민정치협상회의도 중국공산당이 각 민주당파, 무소속 인사들과 정치 협상을 전개하는 중요한 기구가 되었다. 예를 들어, 매년 개최되는 인민정치협상회의 전국위원회 회의의 경우, 각 당파의 구성원들이 적극적으로 제안을 제출하는 것 외에도 민주당파가 당파의 명의로 제안을 제출하기도 한다. 인민정치협상회의는 이런 제안을 취급하는 과정에서 여러 가지 형식의 협상회의를 개최함으로써 중국공산당이 영도하는 다당파 정치 협상을 실현한다. 중국공산당이 민주당파, 무소속 인사와 정치 협상을 하는 데에는 중국공산당의 지도자와 각 당파의 지도자들이 면담하는 형식을 포함한 다양한 정치 협상의 방식이 있다고 해야 할 것이다. 하지만 인민정치협상회의는 중국공산당이 각 민주당파, 무소속 인사와 협상을 진행하는 중요한 기구라고 봐야 한다. 중국공산당이 인민정치협상회의라는 이 중요한 기구를 통하여 각 민주당파, 무소속 인사와의 협상을 강화하고, 다당 협력을 추진한 것은 역사적 전통을 따른 것이기도 하지만, 시대적 특징을 반영한 것이기도 하며, 중국 사회주의 민주가 많은 일에 대해 상의하고, 일에 부딪치면 상의하고, 일을 할 때에 많이 상의한다는 특징과 우월성을 잘 보여주는 것이라고 할 수 있다.

상술한 바를 종합하면, 중국공산당이 영도하는 다당 협력과 정치 협상제도라는 이 새로운 정당제도는 중국공산당의 영도를 견지할 수 있게 해준다는 것이다. 다시 말해서 '다당 협력'과 '정치 협상'을 할 수 있는 중요한 기구가 바로 중국인민정치협상회의인 것이다.

중국 신형 정당제도의 중요한 정치 형식과 조직 형식.

중국의 신형 정당제도와 인민정치협상회의 간의 관계를 알려면, 인민정치협상회의가 중국공산당이 영도하는 다당 협력과 정치협상제도의 중요한 정치 형식이고 조직 형식임을 알아야 한다. 2019년 9월 20일 열린 중국공산당 중앙위원회의 인민정치협상회의업무회의 및 중국인민정치협상회의 창립 70주년 경축대회에서 시진핑 총서기는 "중화민족의 위대한 부흥이라는 '중국의 꿈'을 실현하기 위해서는 단결 분투하는 긍정적 에너지를 폭넓게 모아야 한다. 인민정치협상회의가 신형 정당제도의 중요한 정치 형식과 조직 형식의 역할을 잘 발휘하도록 해야 하며, 각 민주당파가 본 당파의 명의로 정치협상회의에서 의견을 발표하고 건의를 제기할 수 있도록 메커니즘적인 배치를 해야 한다"[87]고 말했다. 이는 인민정치협상회의에 대한 새 시대의 새로운 요구이자, 중국공산당과 각 민주당파가 새로운 시대에 맞는 신형 정당제도를 완성하고 발전시키는 데에 대한 요구이다. 중국공산당이 영도하는 다당 협력과 정치협상제도라는 이 신형의 정당제도는 근대 이래 중국이 100년간의 불안정한 역사적 배경에서 양당제, 다당제와

---

87. 『人民日报』, 2019년 9월 21일자.

일당제의 교훈을 받아들이고, 장기간의 실천 경험을 바탕으로 형성된 것으로, 협애한 당파 이익의 '정당 경쟁'을 추구하는 것이 아니라, 인민의 복지와 국가의 부강을 추구하는 것임을 알 수 있다. 집권당과 참정당은 모두 인민민주를 최고 원칙으로 하여, 협상민주로 정책을 결정하는 공감대를 형성하였으며, 협상하는 형식의 감독 속에서 민주 감독을 실현하고, 한마음 한뜻으로 협력하여 중국 인민의 행복과 중화민족의 위대한 부흥을 위해 분투할 수 있도록 하는 것이다. 중국 인민이 신 중국 건국 과정에서 창조한 인민정치협상회의라는 이 정치 조직과 정치제도는 중국공산당이 영도하는 각 당파와 단체, 각 민족, 각계 인사들이 민주를 발양하고, 국가의 기본 방침을 제정하는 데 참여하며, 단결·협력하는 중요한 플랫폼이 되어 헌법과 정치협상회의 정관 및 관련 정책을 근거로 협상, 감독, 참여, 협력을 일체화함으로써 중국의 국정에 부합되고 뚜렷한 중국 특색이 있는 제도적 조치가 가능하도록 하는 것이다. 그러므로 인민정치협상회의는 중국공산당이 영도하는 다당 협력과 정치협상제도라는 이 신형 정당제도의 모든 조건을 충족시키는 중요한 정치 형식이자 조직 형식이다. 2006년 2월 8일 중국공산당 중앙위원회에서 통과된 「인민정치협상회의 사업을 강화하는 데에 관한 의견」에서는 "인민정치협상회의는 중국공산당이 영도하는 다당 협력과 정치협상제도의 중요한 정치 형식이고 조직 형식이다. 중국공산당이 각 민주당파와 무소속 인사들과의 장기 공존, 상호 감독, '간담상조, 영욕여공'의 방침을 충실히 실행하고, 인민정치협상회의에 참가한 각 당파와 무소속 인사들과의 단결과 협력을 추진하며, 우리나라 사회주의 정당제도의 특징과 우월성을 충분히 체현하고 발휘토록 해야 한다."[88]고 했다.

그렇다면 "왜 이렇게 말할 수 있는 것일까?"

우선 인민정치협상회의는 새로운 정당제도의 중요한 조직형태이다. 중국인민정치협상회의는 각 민주당파와 무소속 인사들이 중국공산당의 '5·1구호'에 호응하는 배경에서 열렸기 때문에, 각 민주당파와 무소속 인사는 인민정치협상회의의 중요한 구성 단위이다. 이에 따라 각 민주당파와 무소속 인사의 성원들이 각급 정치협상회의 위원과 상무위원, 지도자들 중에서 상당한 비례를 점하고 있으며, 인민정치협상회의 각 전문위원회의 책임자와 위원들 중에서도 상당수를 차지하고 있다. 예를 들어 중국인민정치협상회의 제13기 전국위원회는 34개의 정파별 정치협상회의 위원들로 구성되었는데, 총 2,158명의 위원이 있다. 이 34개 정파별 위원들 수는 다음과 같다. 중국공산당 99명, 중국국민당혁명위원회(中國國民党革命委員會) 65명, 중국민주동맹(中國民主同盟) 65명, 중국민주건국회(中國民主建國會) 65명, 중국민주촉진회(中國民主促進會) 45명, 중국농공민주당(中國農工民主党) 45명, 중국치공당(中國致公党) 30명, 구삼학사(九三學社) 45명, 타이완민주자치동맹(台湾民主自治同盟) 20명, 무소속 인사 65명, 중국공산주의청년단 8명, 중화전국총공회 63명, 중화전국부녀연합회 67명, 중화전국청년연합회 28명, 중화전국공상업연합회 65명, 중국과학기술협회 43명, 중화전국타이완동포친목회 14명, 중화전국귀국화교연합회 27명, 문화

---

88. 『人民政协重要文献选编』하, 앞의 책, 793쪽.

예술계 122명, 과학기술계 112명, 사회과학계 68명, 경제계 130명, 농업계 67명, 교육계 108명, 체육계 21명, 신문출판계 44명, 의약위생계 90명, 대외우호계 42명, 사회복지와 사회보장계 36명, 소수민족계 193명, 종교계 67명, 특별 요청 홍콩 인사 124명, 특별 요청 마카오 인사 29명, 특별 요청 인사 136명이다. 세심한 사람이라면 다음과 같은 사실에 주목했을 것이다. 첫째, 전국정치협상회의 34개 정파들 가운데 중국공산당도 한 분야로 참가했다는 점이다. 즉 중국공산당은 34개 정파 중 1/34을 차지한다. 둘째, 전국정치협상회의 34개 정파의 위원들 중 8개 민주당파와 무소속 인사들이 모두 445명이다. 하지만 중국공산당은 모두 99명일뿐이다. 셋째, 다른 한 가지 숫자는 많은 사람들이 잘 모르는 것으로, 2,158명의 전국정치협상회의 위원들 중 각 정파에 속한 중국공산당 당원을 합하면 모두 859명으로 전체 위원 수의 39.8%를 차지한다. 각 정파의 비(非)중국공산당 위원들을 합치면 1,299명으로 전체 위원 수의 60.2%를 차지한다. 중국인민정치협상회의 인적 구성을 알고 나면 인민정치협상회의라는 이 조직 기구의 특징을 잘 알 수가 있다. 이로부터 사람들은 중국의 민주정치가 제도적으로는 어떻게 설계된 것인지를 알 수 있으며, 나아가 인민정치협상회의가 왜 중국공산당이 영도하는 다당 협력과 정치협상이 이 정당제도의 중요한 조직 형식인가를 알 수 있다.

더욱 중요한 것은 인민정치협상회의는 새로운 정당제도의 중요한 정치형식이라는 점이다. 1989년 12월 30일 채택된 「중국공산당이 영도하는 다당 협력과 정치협상제도를 견지하고 보완하는 데에 관한 중국공산당 중앙위원회의 의견」이라는 이 중요한 문건이 "민주당파가 인민정치협상회의에서의 역할을 한층 더 발휘할 수 있도록 해야한다."는 점에서 이미 "인민정치협상회의는 각 당파, 인민단체, 각계 대표 인물들이 단결 협력하고 참정 의정하는 중요한 장소이다."[89]라는 점을 강조하고 있는 것이다. 이를 위해 이 문건은 정치협상회의에서 민주당파가 당 차원에서 발언하고 제안할 수 있도록 할 것을 제기했다. 또한 민주당파와 무소속 정치협상회의 위원들의 사찰, 제보 및 조사와 점검 활동 참여권을 존중해야 한다고 했으며, 그들의 제안과 제보에 대해 관련 부서는 반드시 진지하게 검토하고, 제때에 처리하며, 제때에 회답해야 한다고 했다. 이 같은 규정들은 인민정치협상회의가 중국공산당이 이끄는 다당 협력과 정치협상제도의 중요한 정치 형식임을 보여준다. 인민정치협상회의는 새로운 정당제도의 중요한 정치형식으로, 주로 인민정치협상회의 직능과 각 당파 정치협상회의 위원들의 직능 수행에 대한 배치에서도 나타난다. 인민정치협상회의 정관 제3조는 "중국인민정치협상회의 전국위원회와 지방위원회의 주요 직능은 정치 협상과 민주 감독, 참정 의정이다."라고 서술하면서 다음과 같이 밝혔다. (1) 정치협상은 국가의 국정방침과 지방의 중요한 조치 및 경제건설, 정치건설, 문화건설, 사회건설, 생태문명건설의 중요한 문제에 대해 정책을 결정하기 전과 정책을 실행하는 과정에서 협상하는 것이다. 중국인민정치협상회의 전국위원회와 지방위원회는 중국공산당, 인민대표대회 상무위원회, 인민정부, 민주당파, 인민단

---

89. 위의 책, 중, 485쪽.

체의 제의에 따라, 각 당파, 단체의 책임자와 각 민족, 각계 인사들의 대표들이 참가하는 회의에서 협상을 할 수 있으며, 위 부처에서는 이와 관련한 중요 현안에 대해 협상하도록 제안할 수도 있다. (2) 민주 감독은 국가 헌법, 법률과 법규의 실시, 중대한 방침 정책, 중대 개혁 조치, 중요한 정책의 실행과 집행 상황 및 인민의 이익에 관한 실질적인 문제의 해결과 이행 상황, 국가 기관 및 그 실무자의 업무 등에 대해 의견, 비판, 건의를 제기하는 방식으로 협상하는 식으로 감독을 할 수 있다. (3) 참정 의정은 정치, 경제, 문화, 사회생활, 생태환경 등의 중요 현안과 일반 대중이 보편적으로 관심을 갖는 문제에 대해 조사 연구하고, 사회상황과 민의를 반영해 협상 토론하는 것이다. 조사 보고, 제안, 건의 또는 기타 다른 형식으로 중국공산당과 국가기관에 의견과 건의를 제출해야 한다. 인민정치협상회의의 "정치·협상, 민주 감독, 참정 의정" 이라는 이 3개의 직능은 전체 인민정치협상회의 위원들이 반드시 이행해야 하는 직능인 동시에, 인민정치협상회에 참가한 중국공산당과 각 민주당파, 무소속 인사들이 당연히 이행해야 하는 직능이기도 하다. 사실상 인민정치협상회의는 당파가 이런 직능을 이행하는 것에 대해 각별히 중시한다. 중국공산당 입장에서 말하면, 이렇게 해야 "장기 공존, 상호 감독, 간담상조(肝胆相照), 영욕여공(榮辱与共)"의 방침을 실행하게 되고, 민주당파의 참정당 역할을 더욱 잘 발휘시킬 수 있는 것이다. 각 민주당파와 무소속 인사들 입장에서 말하면, 당파가 이런 직능을 이행하는 특별한 의미는 각 당파와 무소속 인사들이 인민정치협상회의라는 정치형식을 통해 효과적으로 자체적인 역할을 발휘할 수 있다는 점이다. 중국인민정치협상회의의 제도설계와 운영체제는 인민정치협상회의가 신형 정당제도의 중요한 정치형식임을 더욱 잘 보여주고 있다. 인민정치협상회의의 정관에 따르면, 중국인민정치협상회의 전국위원회의 중요 업무와 중대한 결의는 모두 정치협상회의 위원 전체회의에서 심의와 토론을 거쳐 통과시킨다. 이와 동시에 정관은 또 중국인민정치협상회의 전국위원회에 상무위원회를 설치해 회의 업무를 주관하도록 하고 있다. 상무위원회는 전국위원회 주석, 부주석, 비서장과 상무위원으로 구성되어 있다. 정치협상회의 주석이 상무위원회 업무를 주재하고, 부주석과 비서장이 주석의 업무에 협조해야 한다. 주석, 부주석, 비서장으로 주석회의(의장단회의)를 구성하고, 상무위원회의 일상 업무를 처리한다. 이 같은 제도 설계 외에도, 상무위원회를 구성하는 전국위원회 주석, 부주석, 비서장과 상무위원은 모두 중국인민정치협상회의 전국위원회의 각 당파, 단체, 각 민족과 각 계층 인사들이 협상하여 추천하고, 전국위원회 전체회의에서 선거를 통해 선출하기 때문에, 인민정치협상회의 회의 업무를 주재하는 상무위원회는 그 구성원에 중국공산당의 위원이 있을 뿐만 아니라, 각 민주당파와 무소속 인사를 포함한 비(非)중국공산당의 위원도 있다. 그 뿐만 아니라 비(非)중국공산당 위원이 다수를 차지한다는 점이다. 상무위원회는 정관에 따라, 적어도 1년에 두 번 의정회의를 개최한다. 이러한 성원 구성과 이러한 제도적 배치는 인민정치협상회의 및 그 상무위원회가 중국공산당이 영도하는 다당 협력과 정치 협상의 중요 기구임을 보여준다. 인민정치협상회의 전국위원회 주석, 부주석, 비서장으로 구성된, 인민정치협상회의 상무위원회에서 중요한 일상 업무를 처리하는 주석회의 즉 사람들이 보통 말하는 인민정치협상회의 지도부도 역시 중국공산당의 위원과 비(非)중국공산당의 위원으로 구성되어 있다. 예를 들면, 중국인민정치협상회의 제13기 전국위원회 상무위원회 주석, 부주석, 비서장은 모두 25명인데, 주석은 왕양(汪洋) 중국공산당 중앙위원회 정치국 상무위원이고, 부주석에는 중국공산당의 위원이 11명, 민주당파와 중화전국공상업연합회의 책임자 9명, 소수민족 위원 4명(그중 3명이 중국공산당원 신분을 겸함), 홍콩과 마카오 특별행정구 위원 3명이 포함되어 있다. 즉 인민정치협상회의 상무위원회의 중요한 일상 업무를 처리하는 '주석회의'는 인민정치협상회의가 제도적으로 배치한 것으로, 중국공산당이 영도하는 다당 협력과 정치협상제도라는 이 신형 정당제도가 중요한 정치 형식임을 보여준다. 상술한 바와 같이, 인민정치협상회의는 조직 구조적으로나 제도 설계, 운영상 모두 중국공산당이 영도하는 다당 협력과 정치협상제도라는 이 신형 정당제도가 중요한 정치 형식이자 조직 형식임을 알 수 있는 것이다.

인민정치협상회의가 협상민주의 전문적인 협상기구라는 이 신형 정당제도의 의의.

중국의 신형 정당제도와 인민정치협상회의의 관계를 살펴볼 때, 중국이 시행하는 협상민주제도에서 인민정치협상회의 협상민주는 전체 협상민주 체계에서 협상민주의 중요한 채널이자 전문적인 협상기구라는 점에도 유념해야 한다. 이는 중국공산당이 영도하는 다당 협

력과 정치협상제도라는 이 새로운 정당제도에 대해 말하면 매우 중
요한 의의가 있다. 중국의 민주정치 발전사에서, 중국공산당 제18차
전국대표대회는 사회주의 협상민주와 인민정치협상회의에 대한 이론
연구가 비약적인 발전을 가져 온 시기였다. 중국공산당 중앙위원회
는 2012년부터 2017년까지, 거의 매년 중요 문건을 반포해 인민정치협
상회의의 협상민주 건설의 발전을 지도 추진했다. 2012년 11월에 열
린 중국공산당 제18차 전국대표대회에서는 처음으로 "사회주의 협상
민주제도를 건전하게 한다."는 내용을 당대표대회 보고에 써 넣음으
로써 인민정치협상회의는 "협상민주의 중요한 채널"[90]임을 명시했다.
2013년 11월 12일에 통과된 중국공산당 제18기 중앙위원회 제3차 전
체회의의 「개혁을 전면적으로 심화시키는 데에 대한 약간의 중대한
문제에 관한 결정」과 시진핑 총서기의 이 '결정'에 대한 설명은 협상민
주를 한결 더 광범위하고, 다층적이며, 제도화 되도록 촉진시키는 것
을 정치체제 개혁의 중요한 내용으로 제시했다. 2014년 9월 21일 시진
핑 총서기가 인민정치협상회의 창립 65주년 경축대회에서 한 중요한
연설은 사회주의 협상민주에 대한 권위적인 문헌이라고 할 수 있다.
이 연설에서 "인민정치협상회의는 사회주의 협상민주의 중요한 채널
일 뿐만 아니라, '전문적인 협상기구'이며, 인민정치협상회의가 협상민
주에서의 역할을 한층 더 발휘해야 한다."[91]고 명확히 요구했다. 2015
년 중국공산당 중앙위원회가 발간한 「사회주의 협상민주 건설을 강

---

90. 『十八大以来重要文献选编』 상, 앞의 책, 21쪽.
91. 『人民日报』, 2014년 9월 22일자.

화하는 데에 관한 의견」과 중국공산당 중앙위원회 판공청(辦公廳)이 발간한 「인민정치협상회의의 협상민주 건설을 강화하는 데에 관한 실시 의견」은 절차가 합리적이고, 완정한 협상민주 체계를 구축하였고, 협상민주의 중요한 채널이자 전문적인 협상기구로서의 인민정치협상회의의 역할을 한층 더 발휘시키기 위한 실시 의견을 제시했다. 2017년 초 중국공산당 중앙위원회 판공청(辦公廳)에서 발간한 「인민정치협상회의의 민주 감독 업무를 강화하고 개진하는 데에 관한 의견」은 인민정치협상회의의 민주 감독이 사회주의 협상민주의 중요한 형식임을 한층 더 제시했다. 이런 상황은 중국공산당의 영도 하에서 매우 드문 일이다. 이렇게 간단하게 돌이켜보는 과정에서, 우리는 중국공산당 중앙위원회가 정치협상회의의 업무, 특히 협상민주에 대한 업무를 매우 중시한다는 것을 느낄 수 있다. 시진핑 동지를 핵심으로 하는 중국공산당 중앙위원회가 인민정치협상회의의 협상민주 강화에 관한 논술과 요구 중 가장 두드러진 것은 인민정치협상회의의 협상민주에 대한 두 가지 중요한 포지셔닝이다. 즉 하나는 "'협상민주의 중요한 채널'"이고, 다른 하나는 "전문적인 협상기구"이다. 협상민주의 채널에 관하여 중국공산당 제18차 전국대표대회 보고에서는 "국가 정권기관, 정치협상회의 조직, 당파와 단체 등의 채널"이라고 설명했는데, 그중에 인민정치협상회의는 "협상민주의 중요한 채널"이라는 말이 있다. 중국공산당 제18기 중앙위원회 제3차 전체회의는 "국가 정권기관, 정치협상회의 조직, 당파 단체, 기층조직, 사회조직"이라는 5개 채널에 대해 이야기했는데, 여기에서도 인민정치협상회의는 "협상민주의 중요한 채널"이라고 명시했다. 「사회주의 협상민주 건설을 강화하는 데에 관한 중국공산당 중앙위원회의 의견」은 7개의 협상 채널에 대해 설명한 뒤, 세 개 차원으로 나누어 ① 정당간 협상, 정부 협상, 정치협상회의의 협상을 계속 중점적으로 강화해야 한다. ② 인민대표대회 협상, 인민단체 협상, 기층 협상을 활성화해야 한다. ③ 점차적으로 사회조직의 협상을 탐색하며, 정치협상회의 협상은 "중점적으로 강화해야 한다."는 조목에 넣었다. 동시에 또 이는 "협상민주의 중요한 채널"이라고 제시했다. 사회주의 협상민주 체계 중 인민정치협상회의의 협상민주의 위상과 역할을 더욱 잘 천명하기 위해, 시진핑 총서기는 인민정치협상회의 창립 65주년 경축대회 중요 연설에서 "인민정치협상회의는 전문적인 협상기구로서의 역할을 발휘해야 한다"고 사람들의 주목을 끄는 언급을 하기도 했다. 그리하여 그 후부터 문건에서는 "인민정치협상회의가 협상민주의 중요한 채널과 전문적인 협상기구로서의 역할을 충분히 발휘해야 한다."는 표현법이 형성되었다. 즉 "'전문적인 협상기구'"와 "'협상민주의 중요한 채널"이라는 표현 방식이 함께 인민정치협상회의가 협상민주의 기능에 있어서의 두 가지 포지셔닝으로 병기되었던 것이다. 시진핑 총서기가 인민정치협상회의는 "전문적인 협상기구'"라고 정체성에 대해 강조한 것은 인민정치협상회의 협상민주가 사회주의 협상민주 체계에서 독특한 위상과 역할이 있기 때문이다. "협상민주의 중요한 채널"이라고 하는데 있어서의 '중요하다'는 것은 다른 것과 비교하여 말하는 것이며, "전문적인 협상기구"라고 하는데 있어서의 '전문적'이라고 하는 것은 특유한 것, 혹은 혼자만이 갖고 있는 것이라는 뜻을 가리킨다. 『현대한어규범사전(現代漢語規范詞典)』(제2판)의 '전문적(專門)'이라는 단어에 대한 해석에 따르면, 형용사일 때에는 "'어느 한 분야에 국한된 것'"이라고 되어 있고, 부사일 때에는 "종사하는 활동이 어느 한 분야에만 국한되어 있음을 나타낸다."고 되어 있다. 형용사로 쓰이든, 아니면 부사로 쓰이든 모두 "한 분야에 국한된 것"이고 유일무이하다는 뜻이다. 중국에서 중국공산당과 국가기구는 맨 위층의 중국공산당 중앙위원회, 전국인민대표대회, 국무원, 전국정치협상회의 등 4개 지도부로부터 볼 때나 혹은 중앙과 국가기관의 120여 개 부서로부터 볼 때도 유독 인민정치협상회의만이 협상민주에 종사하는 전문적인 협상기구인 것이다. 시진핑 총서기의 "협상민주는 중국 사회주의 민주정치 중 독특하고 독자적이며 독창적인 민주형식"이라는 논단과 결부해 볼 때, 인민정협상회의는 '전문적인 협상기구'라는 말을 이해해 보면 인민정치협상회의가 바로 중국 협상민주의 "독특하고 독자적이며 독창적인 민주형식 중 유일무이한 협상기구"임을 알 수 있다. 그런 만큼 "전문적인 협상기구"라는 포지셔닝이 얼마나 중요한가를 알 수 있다.

인민정치협상회의가 "전문적인 협상기구"라는 정의를 내린 것은 다섯 개 측면으로부터 이루어진 것이다. 첫째, 중국 특색의 사회주의 민주에서 기인한 것이다. "인민민주의 참뜻"은 일이 있으면 좋게 상의할 수 있다는 것이다. 인민정치협상회의는 협상민주를 실행하는 것을 자체 임무로 하며, 제도적 배치에서 중국 특색의 사회주의 제도의 뚜렷한 특징을 나타내고 있다. 둘째, 인민정치협상회의의 성질에서 기

인한 것이다. 인민정치협상회의는 통일전선 조직일 뿐만 아니라, 또한 중국공산당이 영도하는 다당 협력과 정치 협상의 중요한 기구이고, 사회주의 민주를 발양하는 중요한 형식이므로, 성격상 전문적인 협상기구가 될 것을 요구하고 있다. 셋째, 인민정치협상회의의 구성 특점과 우세에서 기인한 것이다. 인민정치협상회의는 대표성이 강하고, 연계된 면이 넓으며, 포용성이 커 전문적인 협상기구로서의 중책을 맡을 수 있다. 넷째, 인민정치협상회의의 직능에서 기인한 것이다. 인민정치협상회의가 수행하고 있는 정치 협상, 민주 감독, 참정 의정의 3대 직능이 바로 협상기구로서의 직능이다. 다섯째, 새로운 시대 사회의 주요 모순을 타개하기 위한 수요에서 기인한 것이다. 인민정치협상회의는 민주 협상과 협상하는 식의 민주 감독을 통해 인민정치협상회의 위원들을 동원함으로써 많은 사람들의 의견을 모으고, 지혜와 힘을 합쳐 정부와 사회가 한마음 한뜻으로 국민의 날로 늘어나는 풍요로운 생활에 대한 수요와 불균형하고 불충분한 발전 사이의 모순을 해결하고, 인민과 민족을 위해 복지를 도모하자는 것이다.

따라서 인민정치협상회의가 전문적인 협상기구라는 이 중대한 포지셔닝을 알았다면, 시진핑 총서기의 지시를 자각적으로 따르고, 중국 특색의 사회주의 새로운 시대, 인민정치협상회의의 전문적인 협상기구로서의 역할을 더 잘 발휘하게 하며, 동시에 중국공산당이 영도하는 다당 협력과 정치협상제도라는 이 신형의 정당제도를 더욱 건전하게 할 수 있어야 하는 것이다.

먼저, 중국 특색의 사회주의 새로운 시대에서 우리는 인민정치협상회의라는 이 협상민주의 "전문적인 협상기구"에 의지에 각 당파의 의견을 더욱 폭넓게 수렴할 수 있고, 신형의 정당제도를 더욱 건전하게 만들 수 있다. 중국공산당의 입장에서는 "'전문적인 협상기구'"라는 이 큰 플랫폼을 통해, 중국공산당과 각 민주당파, 무소속 인사들과의 사상 정치적 소통을 강화하고, 중국공산당이 인민정치협상회의에서의 영도 역할을 발휘할 수 있다. 민주당파 입장에서 말하면, "전문적인 협상기구"라는 이 큰 플랫폼을 통해, 하고 싶은 말을 다하고, 민정·민의를 반영하며, 사상을 소통하고, 공감대를 증진 발전시키며, 정치적인 건의를 함으로써 재능을 발휘할 수가 있다. 2013년 10월 전국인민정치협상회의는 격주 협상 좌담회 제도를 만들어 정기적으로 각 유별의 위원들, 주로는 민주당파 성원, 무소속 인사들을 초청해 좌담하고 교류함으로써, 의견과 건의를 청취하여, 이 격주 협상 좌담회가 관계를 조율하고 응집력을 모으는 장이 되게 하였다. 2015년 3월 4일 전국 '양회' 기간에 시진핑 총서기는 회의에 참석한 중국국민당혁명위원회(中國國民黨革命委員會), 타이완민주자치동맹(台湾民主自治同盟), 중화전국타이완동포친목회(中華全國台湾同胞聯誼會)의 위원들을 만났으며, 이들과 연석회의를 할 때, 이들 위원들의 양안 관계발전에 대한 의견과 건의를 청취했다. 이 자리에서 그는 위원들과 수시로 대화를 나누었으며, 위원들의 건의를 긍정적으로 평가하고, 전국정치협상회의 위원들이 책임감을 가지고 직능을 수행하며, 능력과 자질을 제고하고, 양호한 이미지를 유지하며, 위원이라는 의식을 증강시키고, 정치협상회의에 대해 이해하고, 협상할 줄 알며, 의정을 잘 하여, 건의하는 말은 필요할 때에, 의정은 핵심에, 감독은 관건적인 것에 할 수 있도록 노력해 줄 것을 부탁했다.[92] 중국공산당과 각 민주당파, 무소속 인사들은 이 "전문적인 협상기구" 및 메커니즘적인 조치가 있음으로 하여 충분히 협상하고 상호 감독하며, 한마음 한뜻으로 단결하고, 모두가 힘을 합쳐, 중국 신형 정당제도의 멋진 교향악을 합주해 낼 수 있게 된 것이다.

다음으로, 중국 특색 사회주의 신시대에 우리는 인민정치협상회의라는 이 협상민주의 "전문적인 협상기구"에 의탁해 각 당파의 벗들과 광범위하게 단결하고 신형 정당제도의 결속을 충분히 발휘할 수가 있다. 중국공산당이 영도하는 다당 협력과 정치협상제도의 형성과 발전은 중국공산당이 광범위하게 친구를 사귀고, 진실된 벗을 많이 사귀며, 쟁우(잘못을 솔직하게 충고해 주는 친구)를 깊이 사귀는 것과도 직결된다. 중국 특색의 사회주의 건설은 대량의 우수한 인재를 필요로 하므로, 모든 동원할 수 있는 긍정적인 요소를 다 동원해야 한다. 각 민주당파는 일부분의 사회주의 노동자, 사회주의 사업의 건설자와 사회주의를 옹호하는 애국자를 연계시키는 정치연맹으로서 각 전공별로 우수한 인재를 많이 확보하고 있다. 중국공산당은 인민정치협상회의의 다양한 형태의 협상민주 활동에서 폭넓은 협상을 통해 인재를 발견하고, 엘리트를 영입할 수 있으며, 더욱 많은 당 외 인사들을 공산당의 주변에 긴밀히 결속시킬 수 있다.

그 다음으로 중국 특색의 사회주의 신시대에, 인민정치협상회의라

92. 『光明日报』, 2015년 3월 5일자 1면.

는 이 신형의 협상민주의 '전문적인 협상기구'에 의탁해, 각 당파와의 광범위한 공감대를 결집하고, 신형 정당제도의 사상 정치의 선도적 역할을 잘 발휘할 수가 있다. 2018년 12월 29일 시진핑 총서기는 전국 인민정치협상회의 신년 다과회에서 중요한 연설을 통해 의미심장하게 말한 바가 있다.

> "2019년 인민정치협상회의는 창립 70주년을 맞게 되는데 사상 정치의 선도적 역할을 강화하고, 광범위한 공감대를 결집하는 것을 직책 이행의 중심 고리로 삼아야 한다. 각 당파와 단체, 각 민족과 각계 인사들의 단결과 대통합을 강화하여 중국공산당 중앙위원회가 인민정치협상회의 업무에 대한 요구를 실행하고, 중화민족의 위대한 부흥이라는 중국의 꿈을 실현하기 위해 국내외 중화의 아들딸들의 지혜와 역량을 결집시키는 정치적 책임을 지고, 우수한 성적으로 새 중국 건국 70주년을 맞이해야 한다."[93]

여기에서 시진핑 총서기는 "광범위한 공감대를 결집하는 것"을 인민정치협상회의 "직책 이행의 중심 고리로 삼아야 한다."고 처음 제시했다. 이것은 시진핑 총서기가 인민정치협상회의 업무에 대해 내놓은 최신의 요구이자, 신형 정당제도를 건전하게 하는 것에 대해 제기한 최신의 요구이다. 2019년 9월 20일에 열린 중국공산당 중앙위원회의

---

93. 『人民日报』, 2018년 12월 30일자.

인민정치협상회의 업무 및 중국인민정치협상회의의 창립 70주년 경축대회에서 그는 이 문제에 대해 한발 더 나아가 논했다.

> "모든 사람들을 단결하고, 사상을 선도하며, 공감대를 결집하는 것은 필수적이다. 인민정치협상회의는 효과적으로 업무를 전개하여, 당이 각종 업무에 대해 영도하는 중요한 진지가 되도록 견지하고 강화하며, 당이 혁신적인 이론으로 각 민족과 각계 대표 인사들을 단결하고 교육하며 인도하는 중요한 플랫폼이 되도록 하며, 공동의 사상 정치 토대 위에서 모순을 해소하고 공감대를 결집하는 중요한 채널이 되도록 노력해야 한다."[94]

광범위한 공감대를 결집한다는 것은, 중국공산당이 영도하는 각 당파와 단체 입장에서 말할 때, 인민정치협상회의라는 이 "전문적인 협상기구"를 통해, 협상민주를 각 당파 정치협상회의 위원들이 직무를 이행하는 전 과정에서 관통시키고, 일관성과 다양성의 관계를 올바르게 처리하며, 민주를 발양케 하는 것과 단결을 증진시키는 것을 상호 관통시키고, 정치적 건의를 하는 것과 공감대를 결속하는 것을 양방향으로 함께 노력하며, 당과 국가의 중요한 정책 결정과 배치 상황에 대해 민주 감독을 실행하는 것을 둘러싸고 중국 특색의 사회주의에 대한 공감대를 최대한으로 끊임없이 증진시켜야 한다.

---

94. 『人民日报』, 2019년 9월 21일자.

즉 인민정치협상회의는 중국공산당이 영도하는 다당 협력과 정치협상제도라는 이 신형 정당제도의 중요한 정치 형식이자 조직 형식이고, 또 협상민주의 중요한 채널이자 전문적인 협상기구이므로, 이 신형 정당제도를 건전하게 하고, 인민정치협상회의가 폭넓게 의견을 수렴하고, 각 당파의 벗들을 광범위하게 단결시키며, 각 당파의 공감대를 광범위하게 결속시키는 등의 역할을 충분히 발휘케 한다는 면에서 매우 중요한 의의가 있다. 인민정치협상회의와 중국의 정당제도에 대해 익숙하지 않은 사람들에게 있어서 이렇게 말하는 것은 아주 추상적일 지도 모른다. 그럼 인민정치협상회의가 어떻게 "전문적인 협상기구"로서의 역할을 발휘하고, 각 민주당파와 무소속 인사들이 어떻게 이 "전문적인 협상기구"에서 역할을 발휘케 하는가를 구체적으로 소개하고자 한다. 인민정치협상회의가 협상민주의 "전문적인 기구"로서 그 구체적 실현형식은 지방과 기층에서 아직 모색 중에 있는 '사회협상' 외에 주로 '의사협상(議事, 공무 논의)'과 '자정(咨政, 정부 자문) 협상'이 있다. '의사협상(議事, 공무 논의)'은 인민정치협상회의 참가 부서와 관련 인사들이 정치협상회의가 전개하려는 업무 사항에 대해 민주협상 형식을 통해 공감대를 형성케 하는 협상이다. 인민정치협상회의의 주석 회의, 비서장 회의, 상무위원회 회의, 전체 위원회의, 인민정치협상회의 지도자가 개최한 위원좌담회 혹은 상담회는 모두 인민정치협상회의 협상민주의 실현 형식이다. '자정협상'은 인민정치협상회의 위원이 직무 이행 시, 인민정치협상회의를 플랫폼으로 하여, 당·정부 부처와 대화하는 것이다. 이 같은 협상은 권력과 권력 사이에 상호작용을 가능케 하는 민주의 가장 뚜렷한 특징을 지니고 있다. 전국인민정치협상회의와 지방인민정치협상회의가 다년간 시행해온 특정 테마 협상, 맞춤형 협상, 업계별 협상, 제안 취급 협상이 모두 이에 속한다. 중국공산당 제18차 전국대표대회 이래, 전국인민정치협상회의는 격주 협상 좌담회제도를 건립하여 '자정 협상'의 밀도를 높이는 새로운 모색에 나섰다. 특정 테마 협상은 인민정치협상회의에 참가하는 각 당파와 단체, 각 민족과 각계 인사들이 당위원회와 정부의 중심 업무 중 어느 한 특정 테마를 둘러싸고 깊이 있는 조사연구와 폭넓은 의견 수렴을 바탕으로 당과 정부의 지도자 및 관련 부처 책임자들과 머리를 맞대고 진행하는 협상의 한 가지이다. 이런 협상은 인민정치협상회의 정례회의 기간에 열릴 수도 있고, 인민정치협상회의 폐막기간에 열릴 수도 있다. 맞춤형 협상은 인민정치협상회의의 관련 전문위원회 및 인민정치협상회의에 참가하는 민주당파, 공상업연합회, 인민단체 등의 관련 조직이 당과 국가의 관련 부처와 협상을 진행하는 것이다.

업계별 협상은 주로 업계별 이익 및 관련 분야의 문제에 관해 협상하는 것으로, 여기에는 업계별 내 협상, 업계별 간의 협상 및 업계별과 당 정부 관련 부처와의 협상이 포함된다. 업계별 소그룹 내 회의, 업계별 소그룹 간 연석회의(聯組會議), 업계별 협상 좌담회, 업계별 제안, 업계별 시찰과 고찰, 업계별을 대표하는 대회 발언 등이 모두 업계별 협상의 형식이다.

제안 취급 협상은 인민정치협상회의의 제안 제출자, 취급자와 인민정치협상회의 제안업무부처 세 방면의 측이 제안의 취급과 실행에 대해 하는 협상이다. 이 협상은 제안 취급 전, 취급 과정, 취급 후 전 과정을 관통한다.[95]

인민전치협상회의가 "전문적인 협상기구"'이고, 중국공산당이 영도하는 다당 협력과 정치협상제도라는 이 신형 정당제도의 의의에 대해 보다 감성적이고 구체적이며 형상적으로 이해하려면, 2012년 12월 28일자의 『광명일보(光明日報)』『동주(同舟)』특집의 "'특정 테마 협상, 협상민주의 새로운 형식'"이라는 기사를 통해 알 수 있다. 이 기사는 전국인민정치협상회의 제10기 전국위원회가 만들어 낸 '특정 테마 협상' 형식 및 각 민주당파가 인민정치협상회의 특정 테마 협상에서의 역할에 대해 소개했다. 이 기사에서는 다음과 같이 소개했다.

최근 몇 년 동안, 특정 테마 협상은 전국인민정치협상회의가 직능을 이행하고, 사회주의 민주정치의 건설을 추진하는 중요한 방식이 되었다. 이러한 특정 테마 협상은 인민정치협상회의가 사회주의 협상민주를 추진하는 중요한 실천이자 새로운 형식이다. 오랫동안 인민정치협상회의 이론을 연구해 온 전문가에 따르면, 제10기, 제11기 전국인민정치협상회의는 이미 선후로 11번의 특정 테마 협상회의를 개최했다. 이러한 특정 테마 협상은 전국인민정치협상회의가 플랫폼을 제공하고, 회의를 주요 형식으로 하며, 민주당파와 정치협상회의 위원

---

95. 이 협상 형식의 특점에 대한 요약은 류자의(劉佳義)가 『광명일보(光明日報)』 2013년 11월 26일자에 발표한 "협상민주가 광범위하고 다차원적이며, 제도화적으로 발전하도록 추진한다." 는 글을 참고했다.

들이 정부 부처와 머리를 맞대고 대등한 대화를 할 수 있도록 하는 것이다. 실천이 보여주다시피 이러한 특정 테마 협상은 인민정치협상회의에 참가한 각 당파와 단체, 각 민족과 각 유별 인사들이 정치 협상을 통해 역할을 발휘할 수 있도록 보다 넓은 무대를 제공할 수 있다. 예를 들면, 2006년 「인민정치협상회의의 업무를 강화하는 데에 관한 중국공산당 중앙위원회의 의견」(2006년 5호 문건)이 반포된 후, 전국인민정치협상회의가 개최한 첫 특정 테마 협상회의는 "서부 대개발 추진"에 관한 것이었다.

회의 지점은 전국인민정치협상회의 강당 3층 로비였다. 당시 많은 언론은 이에 대해 보도할 때 "불빛이 휘황하고 분위기가 뜨겁다(灯光璀璨, 气氛熱烈)"는 문구로 표현했다.

회의를 주재한 쪽은 전국인민정치협상회의였다. 당시 자칭린(賈慶林) 전국인민정치협상회의 주석이 회의에 참석했고, 맨 마지막에 연설을 했다. 당시 많은 언론들은 회의를 주재한 왕종위(王忠禹) 전국정치협상회의 부주석의 단도직입적인 발언을 전했다. 그는 "이번 회의에는 발언할 사람이 비교적 많습니다. 상호 교류를 위해 국무원 산하각 부와 각 위원회, 지방의 동지들이 발언하도록 안배했습니다. 10분이면 알림 벨이 울리도록 했으니 발언할 때 시간 조정을 잘 하시도록부탁합니다"고 말했다. 대화 협상에 참가한 당과 정부의 지도자들로는 당시 중국공산당 중앙위원회 정치국 위원 겸 국부원 부총리 직을 맡고 있던 쩡페이옌(曾培炎)을 비롯해 국가발전개혁위원회, 재정부, 교통부의 책임자들이 있었다. 이번의 특정 테마 협상회의에 참가한 사람들 중에는 민주당파와 인민정치협상회의 위원이 있었으며, 베이징에서 온 사람도 있었고 지방에서 온 사람도 있었다. 이들은 이 협상회의를 위해 사전에 많은 조사연구와 내부 토론을 하였다. 이들은 회의에서 적극적으로 대화하고 대책을 내놓았다. 농공민주당(農工民主黨) 중앙위원회는 장기적이고 안정적인 서부 개발 자금 루트를 점진적으로 건립해야 한다고 건의했다. 민주촉진회(民主促進會) 중앙위원회는 공공서비스 확대와 서부지역 사회사업, 인간의 전면적인 발전을 추진할 것을 호소했다. 당시 꿰이쩌우 성(貴州省) 정치협상회의 부주석 직을 맡고 있던 탕스리(唐世礼)는 서부지역 생태계 보상 체제 구축을 호소했다. 당시 신장(新疆)위구르자치구 정치협상회의 부주석 직을 맡고 있던 아부두카더얼 나이스얼딩(阿不都卡德爾乃斯爾丁)은 자원 전환을 가속화하고 "서부 대 개발" 전략을 한층 더 깊이 있게 추진할 것을 호소했다. 서우자화(壽嘉華) 전국정치협상회의 위원은 서부 자원 탐사를 늘리고 자원 개발정책을 조정해 서부의 우월 산업을 육성해야 한다고 제안했다. 판꿰이위(潘貴玉) 전국정치협상회의 위원은 서부지역에서 절수형 농업을 실시하는 것을 더 미룰 수 없다고 제의했다.

회의에서는 국무원 관련 부처의 책임자이든, 아니면 지방 정치협상회의나 지방 정부 책임자 혹은 정치협상회의 위원, 민주당파 책임자를 물론하고 모두 솔찍하게 직언하였으며 열렬히 발언했다. 정치협상회의 위원들과 민주당파 및 정부 부처 책임자들이 엇갈아 가면서 발언하여 의견, 건의가 상호 호응하는 열띤 회의가 되었다.

"국무원 관련 부서는 이번 특정 테마 협상회의에서 각 위원들이 서부개발에 관해 제기한 의견과 건의를 진지하게 검토하고 받아들여야 합니다." 이번 특정 테마 협상회의에 참가했던 쩡페이옌(曾培炎) 당시 중국공산당 중앙위원회 정치국 위원 겸 국무원 부총리는 이렇게 '응답'했다. "이런 협상회의는 아주 좋습니다. 앞으로 또 열리기를 바랍니다."

이번 회의에 참가했던 류용하오(劉永好) 전국정치협상회의 위원 겸 기업인인은 회의장을 나서며 이렇게 말했다. 이번『동주(同舟)』특집판은 이 기사와 함께 전국정치협상회의가 개최한 기타 11번의 특정 테마 협상회의 관련 자료들을 함께 실었다. 이 11번의 특정 테마 협상회의는 우리가 각 민주당파와 무소속 인사들이 인민정치협상회의에서 어떻게 정치 협상, 민주 감독, 참정 의정을 하는가를 이해하는데 아주 가치가 있다.

전국정치협상회의 제1차 특정 테마 협상회의를 예로 들어 보자.

시간: 2005년 7월 11-12일.

주제: '제11차 5개년' 계획과 2020년 전망목표요강 제정을 둘러싼 여러 가지 문제에 대한 조언.

이번 특정 테마 협상회의에는 각 민주당파 중앙위원회, 중화전국공상업연합회, 각 인민단체 및 전국인민정치협상회의 각 전문위원회의 책임자, 일부 전국인민정치협상회의 위원, 관련 전문가와 학자들이 참석했다.

이 특정 테마 협상회의에는 40여 명의 전국인민정치협상회의 상무위원과 위원들이 참석해, "'경제성장 방식의 전환'", "'첨단기술의 자

주적 혁신 능력의 제고'", "중국 특색의 도시화 건설 추진'", "지역경제
의 조화로운 발전'", "분배관계의 조절', "'체제 개혁을 한층 더 심화
하는 데에 관한 것" 등 6개의 특정 테마에 대해 조언했는데, 아주 좋
은 의견과 건의들을 많이 제기되었다. 이는 위원들의 높은 정치적 책
임감과 참정 의정 수준을 보여준 것이다.

이 특정 테마 협상회의는 전국정치협상회의가 이런 협상민주 형식
을 모색하는 출발점이였는데, 앞으로 이런 협상회의를 더욱 잘 개최
하기 위해 중요한 경험을 쌓았다고 할 수 있다.

편견이 없는 사람이라면, 『동주(同舟)』 특집에 소개된 이런 내용들
을 보고 나면, 중국인들이 인민정치협상회의의 협상민주 실천을 위
해 확실히 많은 효과적인 민주 실현 형식을 창조해 내었음에 주목할
수 있을 것이다. 인민정치협상회의는 "전문적인 협상 기구"로서 확실
히 광범위한 정치협상회의 위원, 특히 각 민주당파와 무소속 인사 위
원들이 정치 협상, 민주 감독, 참정, 의정의 직능을 효과적으로 수행
할 수 있도록 큰 플랫폼을 제공했으며, 중국공산당이 영도하는 다당
협력과 정치협상제도라는 이 신형 정당제도의 실시를 보장했다. 이는
중국이 사회주의 민주 발전과정에서 축적한 소중한 경험이자, 인류
의 정치문명에 크게 기여한 것이기도 하다.

제5장

정당 간의 협상은 중국 협상민주의 중요한 형식이고 신형 정당제도의 중요한 운영체제이다.

제5장
정당 간의 협상은 중국 협상민주의 중요한 형식이고 신형 정당제도의 중요한 운영체제이다.

우리는 인민정치협상회의가 중국공산당이 영도하는 다당 협력과 정치협상제도라는 이 신형 정당제도의 정치 형식이자 조직 형식으로, 사실상 협상민주는 중국공산당과 민주당파가 오랫동안에 걸쳐 장기 공존하고 상호 감독하며, "간담상조, 영욕여공"의 중요한 연결 고리라는 것을 이미 알고 있다. 중국의 협상민주는 인민정치협상회의의 협상민주가 있는 것 외에도 정당 간 협상 등 중요한 루트가 있다. 중국공산당과 각 민주당파, 무소속 인사 간의 직접적인 정당 간 협상은 중국 협상민주의 중요한 형식이자 또한 중국공산당이 영도하는 다당 협력과 정치협상제도라는 이 신형 정당제도의 중요한 운영체제이다. 중국의 신형 정당제도에 대해 이해하려면 반드시 중국의 정당 간 협상에 대해 알아야 한다.

중국 특색의 민주에는 선거민주와 협상민주 두 가지 형식이 포함된다.

민주로 전제와 집권(集權)을 대체하는 것은 역사적인 진전이라는 것은 누구나 다 알고 있다. 오늘날의 중국에서 민주가 있어야 한다는 공감대가 형성된 지는 오래이다. 지금 논의해야 할 것은 어떤 민주를 실행해야 중국이 지속적이고 건전하게 발전할 수 있는가 하는 점이다. 중국에서는 민주정치의 장기적인 실천과정에서 선거민주와 협상민주라는 두 가지 민주를 실현하는 형식이 형성되었다.

우리는 협상민주(deliberative democracy)가 1990년대 이후 서구 정치학계에서 흥기하기 시작한 일종의 민주이론이라는 점에 주목해야 한다. 이런 이론의 흥기는 자유주의 민주이론 및 그 결함에 대응하기 위한 것으로, 선거민주와 다수결 원칙의 부족한 점을 보완하기 위한 것이다. 자유주의 민주이론에 따라 실행되는 선거민주는 금전적으로 실력이 없는 대다수 국민 입장에서 말하면, 투표에서의 평등만 있을 뿐 의사 결정에 참여할 수 있는 평등은 없다. 선거민주는 다원화된 사회에서 광범위하고 심각하게 존재하고 있는 도덕적인 분쟁에 대해 종종 무력감을 드러내고 있다. 반면에 협상민주는 민주의 의사결정 체제 또는 이성적인 의사결정 형태로 국민 개개인이 모두 공공정책의 수립과정에 평등하게 참여해 자신의 의견을 자유롭게 표현하고, 다른 사람의 의견을 경청할 수 있으며, 도덕성 문제에 대해 협상할 수 있는 공간을 제공하고 이성적인 토론과 협상을 통해 모두가 납득할 수 있는 의사 결정을 할 수 있다. 최근 몇 년 동안, 중국 학계에서도 서구의 자유주의 민주이론에 대한 비판과 협상민주가 이론적 측면에서 취득한 연구 성과에 주목해 왔다. 하버마스(Habermas)의 관점에 대한 이야기가 비교적 많다. 이런 연구와 참고는 분명히 필요하다. 그러나 중국의 협상민주는 서양에서 이식된 것이 아니라 스스

로 만들어 낸 것이다. 사실 서구에서는 민주 문제를 다루는 데 있어
서 학자들의 논의와 사상이 더 많지만, 중국은 제도를 포함해 이미
성숙된 경험을 갖고 있다. 즉 우리는 서구의 협상민주 이론에 대해
연구하지만, 우리의 협상민주는 서구의 이론에서 비롯된 것이 아니
다. 신민주주의 혁명시기 중국공산당은 기타 당파 단체 및 당 외 인
사들과 단결해 협력하는 과정에서 이미 통일전선을 형성하고, 협상민
주의 사업방식을 형성했다. 특히 옌안(延安)시기 시행된 '삼삼제(三三
制)' 민주정권은 "협상민주의 맹아이자 초기 형태"[96]라고 할 수 있다.
1948년 중국공산당 중앙위원회가 '5·1구호'를 발표하고 신 정치협상회
의 설립을 위해 준비하기까지의 기간, 마오쩌둥과 중국공산당이 협상
민주를 비제도적 형식에서 조직화 제도화 형태로 전환하는 과정에서
의 협상민주 사상, 즉 서로 다른 계급적 토대를 가진 정치 사회 조직
이 대화와 협상을 통해 "가능한한 전원일치를 추구한다."[97]는 사상이
형성되었다. 중국인민정치협상회의 제1기 전체회의 개최와 중화인민
공화국의 창립은 중국공산당이 이끄는 다당 협력과 정치협상제도의
형성을 의미하며, 또한 협상민주라는 이 신형 민주형식이 전국적으로
실시되기 시작했음을 상징한다. 이때의 협상민주제도는 그 성격상 신
민주주의 정치의 범주에 속하는 협상민주이다. 즉 신민주주의 협상
민주이다. 협상민주 기구와 국가정권 기관을 겸하는 이중 기구에서
단일한 협상민주 기구로 전환하는 한편, 사회 전반이 신민주주의에

---

96. 贾庆林, 「健全社会主义协商民主制度. 为全面建成小康社会广泛凝聚智慧和力量」
97. 『毛泽东文集』 5권, 앞의 책, 90쪽.

서 사회주의에로 이행함에 따라 신민주주의 협상민주도 사회주의 협상민주로 전환하기 시작했다. 이와 함께 중국은 선거민주와 협상민주라는 두 가지 민주 형태가 형성되었다. 1949년부터 1954년까지 중국인민정치협상회의 제1차 전체회의에서 통과한 결정에 따라 전국인민대표대회가 열리기 전까지 인민정치협상회의 전국위원회가 전국인민대표대회의 직권을 대행했었다. 1952년 11월 중국공산당 중앙위원회는 인민대표대회 개최 준비에 착수하기로 결정했다. 같은 해 12월 저우언라이는 인민정치협상회의 전국위원회 상무위원회 회의에서 중국공산당 중앙위원회를 대표해, 인민정치협상회의에서 중앙인민정부위원회에 정기적인 전국인민대표대회와 지방 각급 인민대표대회 개최에 관한 제안을 할 것을 제의했다. 1953년 1월 13일 중앙인민정부위원회 제20차 회의는 「전국인민대표대회 및 지방 각급 인민대표대회 개최에 관한 결의」를 만장일치로 채택하고, 마오쩌동을 주석으로 하는 헌법기초위원회와 저우언라이 주석으로 하는 선거법기초위원회를 설치하기로 결정했다. 마오쩌동은 이 회의에서 연설을 통해 인민대표대회 개최의 조건과 의의, 이 제도의 성격에 대해 중요한 견해를 피력했다. 인민정치협상회의의 인민대표대회 권한 대행 종료를 앞두고, 일부 민주당파 인사들은 중국공산당의 이 결정이 일부 당파와 계급, 단체에 불리할까봐 우려했으며, 보통선거를 통해 인민대표를 선출하면 민주당파가 선출되지 못할까봐 우려했다. 이후 인민대표 선출과정에서 마오쩌동과 중국공산당 중앙위원회는 각 민주당파와 무소속 인사들이 각급 인민대표대회 대표 중 차지하는 비율 및 그들에 대한 배치에 대해 매우 주의했다. 1953년 6~7월에는 중국공산당 중앙위원회 통일전선부 제4차 전국통일전선공작회의를 열고 인민대표대회제도를 실행한 이후, 통일전선 조직문제와 민주인사들에 대한 배치 문제를 논의하기도 했다. 그럼에도 선거는 선거였기에 일부 민주당파와 무소속 인사들이 인민대표로 선출되지 못했다. 이에 대해 1954년 12월 19일 마오쩌둥은 각 민주당파 책임자와 무소속 인사들을 초청한 좌담회에서 다음과 같이 말했다.

> "전국인민대표대회를 개최한 후, 일부 사람들은 인민정치협상회의 역할이 크지 않다고 여겨 인민정치협상회의가 더 이상 존재할 필요가 있겠느냐고 생각합니다만, 지금 인민정치협상회의가 계속 존재할 필요가 있다는 것이 증명되었습니다. 인민정치협상회의 전국위원회 위원 559명 중 전국인민대표대회 대표로 선출된 사람은 140명으로, 전체의 4분의 1에 불과합니다. 그 외 4분의 3은 인민대표대회 대표가 아닙니다. 그러므로 인민정치협상회의를 통해 많은 사람을 수용해 일을 상의하는 것이 매우 필요한 것으로 보입니다. 전국과 지방의 인민대표대회, 국무원과 각 성 시의 인민위원회가 각 방면에서 많은 인원을 수용하고 있지만, 그래도 인민정치협상회의 전국위원회와 지방위원회가 필요합니다."[98]

---

98. 『毛澤東文集』 6권, 위의 책, 384쪽.

이번 좌담회에서의 마오쩌둥의 연설 내용에 대한 기록물에는 천이(陳毅)가 전달한 기록도 포함되어 있다. 이 기록 원고를 보면 마오쩌둥은 또 이런 말을 했다.

"인민대표대회는 권력기관으로, 우리가 인민정치협상회의를 설립해 정치협상을 하는 데 방해가 되지 않는다. 각 당파, 각 민족, 각 단체의 지도자들이 함께 모여 신 중국의 대사를 협상하는 것은 매우 중요하다. 인민대표대회는 이미 각 방면을 포함하고 있으며, 인민대표대회 상무위원회는 전국인민대표대회 상설 기관으로 당연히 대표성이 매우 크다. 그러나 모든 것을 다 포함할 수는 없는 만큼, 인민정치협상회는 여전히 존재할 필요가 있다."[99]

여기서 "당연히 대표성이 매우 크다. 그러나 모든 것을 다 포함할 수는 없는 만큼"이라는 대목에 주의하기 바란다. 이 말은 아주 소박하지만, 민주 선거로 인해 유권자들이 '다수자'와 '소수자'가 되는 모순을 해결하고, 선거로 '소수자'의 민주적 권리를 실현할 수 없는 난제를 해결하는 데 그 정치학적 의의가 있다. 마오쩌둥의 생각을 보면, 선거는 민주의 중요한 실현 형식인 만큼 이를 고수하고 보완해야 하지만, 이와 함께 선거 과정에서 발생하는 소수자의 권리를 실현하는 문제도 해결해야 한다는 것이다. 인민대표로 선출된 사람은 인민대

---

99. 『毛澤東傳(1949-1976년) 1권, 앞의 책, 315쪽.

표대회에서 민주권리를 행사하고, 인민대표로 선출되지 못한 사람은 인민정치협상회의에서 민주권리를 행사할 수 있다는 것이 그의 주장이다. 그런데 인민정치협상회의는 통일전선의 조직형태로, 협상민주를 실행한다. 이렇게 되어 중국에서는 선거민주와 협상민주 두 가지 민주형태가 형성되었다. 이것은 마오쩌둥을 대표로 하는 중국공산당 제1세대 중앙지도자들의 대단한 정치적 걸작이라고 봐야 한다.

1978년 중국공산당 제11기 중앙위원회 제3차 전체회의 이후, 오류를 바로잡고 혼란한 국면을 정리하는 과정 및 전면적인 개혁개방 과정에서, 중국은 개혁개방과 사회주의 현대화 건설의 새로운 시기에 접어들었다. 인민대표대회 제도, 중국공산당이 영도하는 다당 협력과 정치협상제도 및 인민정치협상회의 업무에는 모두 근본적인 변화가 일어났다. 특히 사회주의 민주정치가 빠르게 발전하는 과정에서 인민대표대회와 중국인민정치협상회의 '양회'가 제도화되면서, 중국의 선거민주와 협상민주도 규범화, 절차화, 제도화 등 면에서 비약적인 발전을 가져왔다. 이와 함께 중국 특색의 사회주의 민주 이론에 대한 연구도 중국 특색의 사회주의 민주정치의 실천에 기초해 뚜렷한 진전과 성과를 거두었다. 1991년 장쩌민은 '양회'의 당원 책임자회의에서 처음으로 중국 사회주의 민주에는 두 가지 중요한 형식이 있다는 관점을 밝혔다. 그는 "인민은 선거와 투표를 통해 권리를 행사하고, 인민 내부 각 방면에서는 선거와 투표에 앞서 충분히 협상함으로써 가능한 한 공통적인 문제에 대해 의견 일치를 달성하는 것이 우리나라 사회주의 민주의 두 가지 중요한 형식"[100]이라고 핵심을 찔러 말했다.

2006년 중국공산당 중앙 5호 문건은 처음으로 중국 사회주의에는 두 가지 민주 형식이 있다고 써넣었다. 이 문건에서는 "강역이 넓고 인구가 많은 우리 사회주의 국가에서 국가 경제와 국민 생활의 중대한 문제를 중국공산당의 영도 하에서 광범위하게 협상하는 것은 민주와 집중의 통일을 보여준다. 선거와 투표를 통해 권리를 행사하는 것과 인민 내부 각 방면에서 중대한 의사 결정에 앞서 충분한 협상을 거쳐 가능한 한 공동문제에 대해 의견일치를 달성하는 것은 우리나라 사회주의 민주의 두 가지 중요한 형식이다."[101]라고 했다. 2007년 11월 5일 국무원 신문판공실이 펴낸 『중국정당제도(中國的政党制度)』백서는 '선거민주'와 '협상민주'라는 이 두 개념을 처음 확인하면서 다음과 같이 강조했다.

"선거민주와 협상민주가 결합된 것은 중국 사회주의 민주의 큰 특징이다. 중국에서 인민대표대회 제도와 중국공산당이 영도하는 다당 협력과 정치협상제도는 서로 보완하는 역할을 한다. 선거와 투표를 통해 권리를 행사하는 것과 인민 내부 각 방면에서 중대한 의사 결정에 앞서 충분한 협상을 거쳐 가능한 한 공동 문제에 대해 의견 일치를 달

---

100. 『人民政协重要文献选编』중, 앞의 책, 506쪽.
101. 「인민정치협상회의 업무를 강화하는 데에 관한 중국공산당 중앙위원회의 의견」, 『人民政协重要文献选编』하, 앞의 책, 793쪽.

성하는 것은 우리나라 사회주의 민주의 두 가지 중요한 형
식이다. 선거민주와 협상민주의 상호 결합은 사회주의 민
주의 깊이와 폭을 확장했다. 충분한 정치협상을 통해 다수
자의 의사를 존중하면서도 소수자의 합리적인 요구를 배려
할 수 있어 최대한도로 인민민주를 실현하고 사회의 통합
발전을 촉진할 수 있도록 보장했다."

2011년 중국공산당 중앙위원회 판공청이 펴낸 "중국공산당 인민정
치협상회의 전국위원회 당소조(党組)의 「인민정치협상회의 업무를 강
화하는 데에 관한 중국공산당 중앙위원회의 의견」 실행 상황에 대한
보고"에서는 '협상민주'라는 이 개념을 정식으로 중국공산당 중앙위
원회 판공청 문건에 써넣음으로써, 인민정치협상회의는 우리나라 협
상민주의 중요한 형식임을 분명히 했다.

특히 2012년에 열린 중국공산당 제18차 전국대표대회에서는 "인민
대표대회제도는 인민이 나라의 주인으로 되는 것을 담보로 하는 근
본적인 정치제도"라고 강조함과 동시에 "사회주의 협상민주는 우리
나라 인민민주의 중요한 형식"이고, "사회주의 협상민주를 완비하고",
"협상민주의 광범위하고 다차원적이며 제도화된 발전을 추진해야 한
다.", "국가 정권기관, 정치협상회의 조직, 당파와 단체 등 루트를 통
해 경제와 사회 발전에 관한 중대한 문제 및 대중의 절실한 이익에
관련되는 실제 문제에 대해 광범위한 협상을 해야 한다."[102]고 한층

---

102. 『十八人以來重要文献選編』 상, 앞의 책, 21쪽.

더 명확히 했다. 그리하여 당대표대회라는 이 당의 최고 권력기관에서 채택된 보고와 결의라는 권위 있는 형태로 선거민주와 협상민주라는 두 가지 민주제도가 정치적 이론적으로 확립됐다.

중국공산당 제18기 중앙위원회 제3차 전체회의에서 채택된 「개혁을 전면적으로 심화할데 관한 중국공산당 중앙위원회의 약간의 중대한 문제에 대한 결정(中共中央關于全面深化改革若干重大問題的決定)」에서 중국공산당 제18차 전국대표대회의 "협상민주의 광범위하고 다차원적이며 제도화된 발전을 추진해야 한다(推進協商民主广泛多層制度化發展)"는 요구사항을 구체화해야 한다고 할 때, "협상민주는 우리나라 사회주의 민주정치 특유의 형식이자 독특한 장점이며, 당의 대중노선이 정치영역에서의 중요한 발현이다. 당의 영도 하에, 경제 사회 발전의 중요한 문제와 대중의 절실한 이익에 관한 실질적인 문제에 대해 사회 전반에 걸쳐 폭넓은 협상을 전개해야 하며, 이러한 협상이 정책결정 이전과 그 결정이 실행되는 전 과정에 모두 지속되어야 한다."[103]고 했다. 이는 협상민주의 위상과 역할에 대한 가장 과학적이고 권위 있는 인정이었다. 이와 함께 절차가 합리적이고, 각 고리가 제대로 갖추어진 협상민주의 체계를 구축하고, 국가 정권기관, 인민정치협상회의 조직, 당파 단체, 기층조직, 사회조직의 협상 채널을 넓히자고 제안했다. 특히 강조하고 싶은 것은, 중국공산당 제18기 중앙위원회 제3차 전체회의에서 "협상민주의 광범위하고 다차원적이며, 제도화된 발전을 추진해야 한다는 것을 정치체제 개혁의 중요한 내

---

103. 『十八大以来重要文献选编』 상, 앞의 책, 527쪽.

용으로 한다."[104]고 제기한 점이다. 시진핑 총서기는 정치체제 개혁의 중요한 내용인 협상민주의 제도화 건설 추진을 이론적으로 천명하기 위해, 2014년 9월 21일의 중국인민정치협상회의 창립 65주년 경축대회에서 중요한 연설을 했다. 이는 지금까지 중국 협상민주 이론에 대한 가장 포괄적이고 체계적인 중요한 연설이다. 이 연설에서는 "고금의 실천이 보여주고 있다시피 인민이 나라의 주인이 되는 것을 담보하려면, 법에 따른 선거로 인민의 대표가 국가생활과 사회생활의 관리에 참여하도록 하는 것은 매우 중요하다. 또한 선거 이외의 제도와 방식을 통해 인민이 국가생활과 사회생활 관리에 참여하도록 하는 것도 매우 중요하다. 인민이 투표할 권리만 있을 뿐 널리 참여할 권리가 없고, 투표할 때에만 깨우고 투표 후에는 휴면기에 들어가게 하는 민주는 형식적인 것에 불과하다. 인민은 선거와 투표를 통해 권리를 행사하고, 인민 내부 각 방면에서 중대한 의사결정에 앞서 충분한 협상을 거쳐 공통의 문제에 대해 가능한 한 의견 일치를 달성하는 것은 중국 사회주의 민주의 중요한 두 가지 형식이다. 중국에서 이 두 가지 민주 형식은 상호 대체하고 상호 부정하는 것이 아니라, 상호 보충하고 상호 보완하는 것으로, 중국 사회주의 민주정치의 제도적 특점과 우세를 이루었다."[105]고 지적했다. 시 총서기의 이 중요한 연설은 협상민주의 광범위하고 다차원적이며, 제도화된 발전을 추진하는 데에 대한 지도적인 문헌으로, 사상 이론적으로 전당, 전국 각 민족 인

---

104. 『习近平谈治国理政』 1권, 앞의 책, 82쪽.
105. 『习近平谈治国理政』 2권, 앞의 책, 292-293쪽.

민이 협상민주 건설을 추진하는 데에 관한 인식을 통일한 것이다.

중국공산당 제18차 전국대표대회와 중국공산당 제18기 중앙위원회 제3차 전체회의의 이 중대한 결정을 구체화하기 위해, 중국공산당 중앙위원회는 2015년 초「사회주의 협상민주 건설을 강화하는 데에 관한 의견」을 발간했다. 이 문건은 우선 '협상민주'에 대해 과학적인 정의를 내렸다. "협상민주는 중국공산당의 영도 하에, 인민 내부 각 방면에서 개혁 발전 안정에 관련된 중대한 문제들과 대중의 절실한 이익에 관한 실질적인 문제들을 의사결정 이전과 의사결정 실행 과정에서 광범위한 협상을 하여 공감대를 형성하는 중요한 민주 형식"이라고 했다. 이 정의에는 다섯 개의 키워드가 있다. (1) 협상민주는 "중국공산당의 영도 하"에서 진행된다. 혹은 이것을 중국공산당의 일종 영도방식이라 할 수 있다. (2) 협상민주는 "인민 내부에서 전개되는 광범위한 협상"이다. (3) 협상의 주제 혹은 내용은 "개혁의 발전과 안정에 관한 중대한 문제와 대중의 절실한 이익에 관한 실제 문제"이다. (4) 협상민주는 "의사결정 전과 의사결정에 대한 실행과정"에서 전개된다. 즉 먼저 협상하고 그 후에 의사 결정하는 것으로, 먼저 의사결정을 하고 협상하는 것이 아니다. 시진핑 총서기는 이런 협상이야말로 '진정한 협상'이라고 했다. (5) 협상민주의 목표는 '공감대를 형성'하는 것이다. 이 문건은 협상민주 건설을 위한 지도사상, 기본원칙, 채널과 절차에 대한 체계적인 논술과 규범에 중점을 두고, 중앙으로부터 지방에 이르기까지 7대 협상민주 채널을 구축해야 한다는 내용을 담고 있다. 즉 "정당 간의 협상, 정부협상, 인민정치협상회의 협상을 계속 중점적으로 강화하며, 인민대표대회 협상, 인민단체 협상, 기층 협상을 적극 전개하고, 점차 사회조직의 협상을 모색한다."는 것이다. 이 문건을 실제에 적용하는 과정에서 전국인민정치협상회의, 중국공산당 중앙위원회 통일전선부와 국가 민정부 등 부처는 인민정치협상회의 협상민주를 강화하고, 정당 간 협상민주와 기층 협상민주를 강화한다는 실시 의견을 연이어 내놓았다. 그리하여 종적으로는 중앙으로부터 지방과 기층에 이르고, 횡적으로는 각 당파와 단체, 정권기관과 사회조직을 아우르는 협상민주제도 체계가 중국에 세워졌던 것이다. 역사적 맥락의 회고와 정리에서 우리는 다음과 같은 세 가지에 주의할 수 있다. (1) 협상민주는 중국혁명과 건설의 실천에서 신민주주의 협상민주로부터 사회주의 협상민주로 발전하는 과정을 거쳤고, 사회주의 협상민주는 아직도 발전하고 있다. (2) 협상민주는 중국에서 방법, 사상 이론과 제도 이 세 가지 형태를 가지고 있다. (3) 협상민주와 선거민주가 상호 보완하고 상호 결합된 것은 중국 특색의 사회주의 민주의 '특색'이다.

정당 간 협상이 중국 특색 협상민주 체계에서의 지위 및 신형 정당제도에 있어서의 의의.

위의 중국 협상민주의 실천과 인식의 발전에 관한 역사적 과정을 보면, 중국의 협상민주는 통일전선, 특히 인민정치협상회의 실천에서 발전해 왔으나 지금에 와서는 이미 인민정치협상회의에 국한되지 않고 있다. 특히 중국공산당 제18차 전국대표대회 이후 광범위하고 다차원적이며, 제도화된 협상민주체계 구축이 본격적으로 추진되면서 여러 채널의 협상민주제도가 형성되었다. 그중 매우 중요한 한 채널이 바로 정당 간 협상이다. 정당 간 협상은 말 그대로 중국공산당과 각 민주당파·무소속 인사 간에 개혁 발전과 안정의 중대한 문제 및 대중의 절실한 이익에 관한 실질적인 문제를 놓고 중국공산당이 의사결정 이전과 의사결정 실시과정에서 정치협상을 전개하는 것이며, 협상 중 형성된 공감대는 중국공산당이 의사결정을 함에 있어서의 중요한 근거가 된다. 이런 이해에 따르면, '정당 간 협상'은 넓은 의미에서의 정당 간 협상과 좁은 의미에서의 정당 간 협상 등 두 가지 유형이 있다. 넓은 의미에서의 정당 간 협상에는 인민정치협상회의에서 전개하는 정당 간 협상이 포함될 뿐만 아니라, 정당 간 직접 진행하는 정치협상도 포함된다. 좁은 의미에서의 정당 간 협상은 바로 정당 간에 민주적 절차에 따라 직접 진행하는 정치협상이다. 정당 간 협상은 중국 특색 협상민주 체계에서 중요한 위치를 차지할 뿐만 아니라, 중국 신형 정당제도의 중요한 운영체제이기도 하다.

우리는 인민정치협상회의가 중국 신형 정당제도의 중요한 정치 형식이자 조직 형식이라는 것을 앞에서 논술한 바 있다. 여기에서는 정당 간 민주적 절차에 따라 직접 진행되는 좁은 의미에서의 정당 간 협상에 대해 중점적으로 논의하고자 한다.

중국에서는 매번 중국공산당 전국대표대회와 중국공산당 중앙위원회 전체회의를 개최할 때, 중국공산당 중앙위원회에서 중대한 의사결정을 할 때, 중국공산당은 모두 당 외 인사 좌담회를 열고, 중국공산당 중앙위원회와 민주당파, 중화전국공상업연합회 지도자 및 무소속 인사 대표들이 머리를 맞대고 토론하고 좌담하며, 의견을 청취 수렴한다. 2019년 11월 2일 『인민일보(人民日報)』 1면에는 다음과 같은 기사가 실렸다.

"11월 1일 베이징 발 신화통신. 지난 9월 25일 중국공산당 중앙위원회는 종난하이(中南海)에서 당 외 인사 좌담회를 열고 중국 특색의 사회주의 제도를 견지 보완하고, 국가 관리체계와 관리능력의 현대화를 추진하는 것에 관한 중국공산당 중앙위원회 약간의 중대한 문제에 대한 결정에 대해, 각 민주당파 중앙위원회와 중화전국공상업연합회 책임자, 무소속 인사 대표들의 의견과 건의를 청취했다. 시진핑 중국공산당 총서기가 좌담회를 주재하고 중요 연설을 발표했다. 시진핑 총서기는 "중국 특색의 사회주의 제도를 견지 보완하고, 국가 관리체계와 관리능력의 현대화를 추진하려면, 통일전선의 강점을 살려 폭넓은 공감대를 형성해야 한다. 각 민주당파, 중화전국공상업연합회, 무소속 인사들은 중국 특색의 사회주의 제도를 견지 보완하고, 국가 관리체계와 관리능력의 현대화를 추진하는 과정에서 많은 일들을 할 수 있다."고 강조했다.

왕양(汪洋), 왕후닝(王滬宁), 한정(韓正) 중국공산당 중앙위원회 정치국 상무위원들이 좌담회에 출석했다. 왕후닝(王滬

宁) 상무위원은 중국공산당 중앙위원회의 관련 구상과 문건의 초안 작성 상황에 대해 소개했다.

좌담회에서 완어샹(万鄂湘) 중국국민당혁명위원회(中國國民党革命委員會) 주석, 띵종리(丁仲礼) 중국민주동맹(中國民主同盟) 중앙위원회 주석, 하오밍진(郝明金) 중국민주건국회(中國民主建國會) 중앙위원회 주석, 차이다펑(蔡達峰) 중국민주촉진회(中國民主促進會) 중앙위원회 주석, 천주(陳竺) 중국농공민주당(中國農工民主党) 중앙위원회 주석, 완깡(万鋼) 중국치공당(中國致公党) 중앙위원회 주석, 우웨이화(武維華) 구삼학사(九三學社) 중앙위원회 주석, 쑤훼이(蘇輝) 타이완민주자치동맹(台湾民主自治同盟) 중앙위원회 주석, 까오윈롱(高云龍) 중화전국공상업연합회(中華全國工商聯) 주석, 바오신허(包信和) 무소속 인사 대표 등이 차례로 발언했다.

이들은 중국 특색의 사회주의 제도를 견지 보완하고 국가 관리체계와 관리능력의 현대화를 추진함에 있어서의 중국공산당 중앙위원회의 약간의 중대한 문제에 대한 결정을 찬성했다. 또한 중국공산당의 영도를 강화하는 것, 법치 정부 건설을 강화하는 것, 신형 정당제도를 잘 견지하고 발전시키며 완성하는 것, 과학기술 혁신제도의 배치를 강화하는 것, 국가의 중대한 발전전략과 중장기 계획의 수립과 실행을 추진하는 것, 책임감 있는 세계 과학기술 강국을 건설하는 것, 기층 사회의 관리체계를 강화하는 것,

공동부유를 실현하는 제도적 보장을 강화하는 것, 민영경제 영역에서의 당 건설 관련 제도 마련을 강화하는 것, 국가 관리체계에 대한 이론 연구와 교육, 선전을 강화하는 것 등에 대해 의견과 건의를 제기했다.

시진핑 총서기는 이들의 발언을 귀담아 들은 뒤 중요한 연설을 발표했다. 그는 사람들이'결정'에 대해 많은 가치 있고, 식견 있는 의견과 건의를 해줘서 '결정'을 수정하는 데 도움이 된다면서 열심히 검토하고 받아드리겠다고 밝혔다. 시진핑은 "중국공산당 제19기 중앙위원회 제4차 전체회의는 중국공산당이 '두 개의 100년' 분투 목표의 역사적 접점에서 열린 것으로, 중국 특색의 사회주의 제도를 견지 보완하고, 국가 관리체계와 관리능력의 현대화를 추진하는 데에 대한 정치적 메시지를 발표한 것이다. 우리나라 국가 관리체계와 관리능력은 중국 특색 사회주의 제도 및 그 집행 능력의 집중적인 구현이다. 우리나라의 국가 관리체계의 모든 업무와 활동은 사회주의 제도에 따라 전개되며 그 과정에서 끊임없이 경험을 쌓고 수준을 높여가고 있다. 우리가 지금 해야 할 일은 중국 특색의 사회주의 제도를 견지 보완하는 실천 속에서 국가 관리체계와 관리능력의 현대화를 추진하는 것이다"고 지적했다.

시진핑은 새 중국 건국 70주년이라는 중요한 역사적 시점에서, 새 중국 건국 이래 중국 사회주의제도 건설, 국가 관리체계와 관리능력 건설에서의 경험을 잘 정리하고, 나아가 이러한 역사적 경험을 바탕으로 미래 한 시기 동안의 제도 건설과 관리체계 관리능력 건설의 작용점과 목표 임무를 명확히 해야 한다고 강조했다. 그는 새로운 시대에 있어서 당과 국가사업의 발전 목표와 임무에 초점을 두고, 각자의 장점을 충분히 살리고, 심층 조사와 연구를 한 기초 위에서, 전망성 있고, 전략적이며, 활용 가능한 의견과 건의를 제시하기 바란다고 했다.

좌담회에는 또 천샤오광(陳曉光), 정젠방(鄭建邦), 구성쭈(辜胜阻), 류신청(劉新成), 허웨이(何維), 사오훙(邵鴻)과 장쭤쥔(蔣作君), 리웨이펑(李鉞鋒), 셰징룽(謝經榮), 위루충(宇如聰) 등 당 외 인사들이 참석했다.

사람들은 신화통신이 이 뉴스를 발표한 시간은 2019년 11월 1일이지만, 보도의 내용은 2019년 9월 25일이라는 점에 주목할 수 있다. 9월에 발생한 일을 11월에 뉴스로 발표한 것은, 기사의 내용에 중국공산당 중앙위원회가 2019년 10월 28일부터 31일까지 베이징에서 개최된 중국공산당 제19기 중앙위원회 제4차 전체회의에 상정하여 토론한 문건이 포함됐기 때문이다. 중국 협상민주 제도의 설계에 따르면, 중국공산당 중앙위원회에서 중국 특색의 사회주의 제도를 견지 보완하고, 국가 관리체계와 관리능력의 현대를 추진하는 중요한 의사 결정 같은 것을 하려면 우선 민주당파, 중화전국공상업연합회와 무소속 인사들의 의견을 들어야 하기 때문이다. 중국공산당과 각 민주당파 고위층간의 협상민주는 중국에서 이미 관행과 제도가 되었다. 이런 협상민주제도를 "정당 간 협상"이라고 한다.

먼저 중국 정치와 사회생활에서 정당 간 협상은 중국 최고 차원의 협상민주의 채널이다. 중국에서 협상민주의 7대 채널인 정당 간 협상, 인민대표대회협상, 정부협상, 인민정치협상회의협상, 인민단체협상, 기층협상과 사회조직협상에서, 중국공산당이 집권당으로 기타 각 민주당파, 중화전국공상업연합회, 무소속 인사들과의 민주협상, 특히 각 당파 지도자들과의 협상은 최고 차원의 협상이다.

다음으로 정당 간 협상은 집권당과 참정당 사이의 정치협상으로 이는 주로 정치적 의사 결정의 차원에서 협상민주를 실현하는 형식이다. 중국에서 협상민주는 의사 결정을 민주적으로 실현하는 형식이다. 그러나 의사 결정에는 여러 가지가 있어, 정당 간 협상은 당파 간 협상일 뿐만 아니라, 당과 정부가 중대한 문제에 대해서는 정치적 의사결정을 하기 전과 그 의사 결정의 실시과정에서 이루어진다. 중국공산당과 각 민주당파, 중화전국공상업연합회, 무소속 인사들 간의 정치협상 내용에는 다음과 같은 내용들이 포함된다. (1) 중국공산당의 전국과 지방 각급 대표대회 및 중앙과 지방 각급 당위원회의 중요 문건. (2) 헌법의 개정과 관련한 건의, 중요한 법률의 제정과 개정에 관련한 건의, 중요한 지방성 법률 규정의 제정이나 개정에 관한 건의. (3) 인민대표대회 상무위원, 정부, 인민정치협상회의 지도부 성원과 인민법원 원장, 인민검찰원 검찰장 인선에 대한 건의. (4) 통일전선과 다당 협력에 관련된 중대한 문제에 관한 내용. 이러한 것들은 모두 당과 국가의 정치적 의사결정 차원의 중대한 문제들이다. 집권당인 중국공산당은 의사결정 이전과 의사결정의 실행과정에서 협상하는 것을 견지하며, 민주당파, 중화전국공상업연합회, 무소속 인사들과 충분히 협상함으로써 의사 결정의 과학화, 민주화를 더 잘 담보할 수 있다. 그 다음으로 정당 간 협상은 중국이 신형 정당제도를 운영함에 있어서의 중요한 메커니즘이다. 중국의 신형 정당제도는 경쟁적인 정당제도가 아니며, 선거 경쟁에서 작동하는 것이 아니다. 그럼 중국의 신형 정당제도는 어떻게 운영되는 것일까? 바로 정당 간 협상이라는 형태로 중국공산당과 각 민주당파의 협력과 협상으로 운영된다. 덩샤오핑은 "중국공산당의 영도 하에 다당 협력을 하는 것은 우리나라의 구체적인 역사적 조건과 현실적 조건에 의해 결정된 것이자 역시 우리나라 정치제도의 특징이자 장점이다."[106]라고 지적한 바 있다. 후에 그는 이 제도에 대해 검토할 때 문건에 '협상'이라는 단어를 넣을 것을 제기했다. 중국은 오랜 정치의 실천 속에서 중국공산당이 영도하는 다당 협력과 정치협상제도라는 이 신형 정당제도를 형성해 왔다. 이 기본 정치제도에서 중국공산당과 각 민주당파·무소속 인사들의 중요한 협력 방식이 바로 민주적인 정치협상을 통해 최대한의 공감대를 얻는 것이다. 이런 협상은 인민대표대회의 입법협상, 정부의 행정협상, 인민단체와 기층의 사회협상과 모두 다른, 중국 정당제도 내부의 민주협상이고, 정치협상이며 참정협상에 속한다. 인민정

---

106. 『邓小平文选』 2권, 앞의 책, 205쪽.

치협상회의 협상민주와 같은 성격이지만 차원과 범위가 다르다.

이런 정당 간 협상은 중국 특색의 사회주의 협상민주 체계에서 특히 중요한 위치를 차지하는 동시에 중국공산당이 영도하는 다당 협력과 정치협상제도라는 이 새로운 정당제도의 중요한 운영체제임을 알 수 있다. 실천은 중국공산당이 국가의 중대한 방침정책과 중요한 사무에 대해 의사결정을 내리기 전과 그 의사결정의 실행과정에 각 민주당파, 중화전국공상업연합회, 무소속 인사들과 협상하는 것이 국가 관리체계와 관리능력을 현대화하는 중요한 고리이며, 중국공산당이 집권능력을 높이는 중요한 길임을 증명하였다.

정당 간 협상은 어떻게 운영되는가?

우리가 여기서 인민정치협상회의의 협상민주제도와 정당 간 협상제도에 대해 논의하는 것은 인민정치협상회의 협상민주제도와 정당 간 협상제도가 중국 신형 정당제도의 중요한 실현 형식이자 중요한 운영체제이기 때문이다. 이 신형의 정당제도에 대해 좀 더 깊이 알려면 정당 간 협상이 어떻게 운영되는가를 알아야 한다.

중국공산당 제18차 전국대표대회 이래, 시진핑 동지를 주축으로 한 중국공산당 중앙위원회는 협상민주의 광범위하고 다차원적인 발전을 "정치체제 개혁의 중요한 내용"으로 하여 중요한 의사일정에 올린 후, 협상민주 건설을 전면적으로 추진하는 동시에 정당 간 협상에 대해서도 매우 중시해 왔다. 중국공산당 중앙위원회는 정당 간 협상의 역사적 경험과 개혁개방 이래의 신선한 경험을 진지하게 총화하고, 이처럼 선명한 중국 특색이 있는 협상민주를 한층 더 규범화, 제도화, 절차화 하는데 힘쓰면서 많은 창의적인 일들을 해왔다.

2015년 초에 발간된 "사회주의 협상민주 건설을 강화하는 데에 관한 중국공산당 중앙위원회의 의견"은 중국공산당 제18차 전국대표대회와 중국공산당 제18기 중앙위원회 제3차 전체회의의 정신에 따라, 중국 특색의 사회주의 정당제도의 장점을 살리고, 장기 공존(長期共存), 상호 감독(互相監督), "간담상조·영욕여공"'의 방침을 견지하고, 중국공산당과 각 민주당파 간의 정치협상을 강화하며, 협력을 잘하며, 조화로운 정당관계를 공고히 하고 발전시켜야 한다고 강조했다. 이와 동시에 이 문건은 또 정당 간 협상은 민주당파와의 협상일 뿐만 아니라, 무소속 인사도 정치협상의 중요한 구성부분이고, 중화전국공상업연합회도 통일전선 성격의 인민단체이자 민간상회이므로 관련 부처에서는 무소속 인사와 중화전국공상업연합회가 협상에 참여할 수 있도록 연락업무를 잘 수행해야 한다고 지적했다. 이 문건은 정당 간 협상의 형식을 규범화하고, 민주당파 중앙위원회가 직접 중국공산당 중앙위원회에 건의를 제기할 수 있도록 하는 제도를 완비하며, 정당 간 협상의 보장체제 건설을 강화하는 데에 관한 것 등에 대해서 명시했다. 같은 해 5월 18일 시행된 「중국공산당 통일전선공작조례(시행)」는 "정당간 협상은 중국공산당이 각 민주당파와의 정치협상"이라고 명시한 동시에 또 "중앙과 지방 각급 당위원회는 규정된 절차에 따라 정당 간 협상을 전개해야 한다", "민주당파와 무소속 인사들이 인민대표대회협상, 정부협상, 정치협상회의협상에 참여하는 것을 지지해야 한다."고 밝혔다. 이 문건은 정당 간 협상의 주요 내용을 분명히 한 동시에 또 "정당간 협상은 회의협상, 예약상담(約談)협상, 서면협상 등 형식으로 한다."[107]고 명시했다.

중국공산당 중앙위원회 판공청은 「사회주의 협상민주 건설을 강화하는 데에 관한 중국공산당 중앙위원회의 의견」을 실행하기 위해, 2015년 말 「정당 간 협상을 강화하는 데에 관한 실시 의견」을 발표했다. 이 실시의견은 "정당 간 협상은 중국공산당이 영도하는 다당 협력과 정치협상제도의 중요한 내용이고, 사회주의 협상민주 체계의 중요한 구성부분이며, 중국공산당이 집권능력을 제고하는 중요한 경로이다"라고 지적했다. 이 문건은 실시의견이기 때문에 무엇이 정당 간의 협상인지, 왜 정당 간 협상을 해야 하는지, 정당 간의 협상은 어떻게 해야 할 것인지에 대해 상당히 구체적으로 논술했다.

그럼 정당 간의 협상이란 무엇인가? 이 실시의견은 정당 간 협상이란 중국공산당과 민주당파가 공동의 정치목표에 기초하여 당과 국가의 중대한 방침정책과 중요한 사무에 대해 의사결정 이전과 그 의사결정을 실시하는 과정에서 직접적으로 진행하는 정치협상의 중요한 민주형식이라고 했다. 그럼 왜 정당 간 협상을 해야 하는가? 이 실시의견은 정당 간의 협상은 샤오캉사회(小康社會)의 건설, 개혁 심화, 법에 의해 나라를 다스리는 것, 엄격한 당 관리를 전면적으로 추진하는데 있어서 독특한 장점과 역할이 있다고 했다. 정당 간의 협상은 민주당파와 무소속 인사들의 질서 있는 정치 참여 확대와 원활한 의

---

107. 『十八大以来重要文献选编』 중, 앞의 책, 544쪽.

사 표현 채널의 확보에 유리하며, 정치적 공감대의 증진, 광범위한 결속력의 확보에 유리하며, 과학적이고 민주적인 의사결정을 추진하고 국가 관리체계와 관리능력의 현대화를 추진하는데 유리하다고 했다.

정당 간의 협상은 어떻게 하는가? 이 실시의견은 정당 간 협상의 내용, 형식, 절차와 보장 장치 및 정당 간의 협상에 대한 당의 영도력 강화와 보완 등 다섯 가지로 구체적으로 논했다.

중국공산당 중앙위원회와 민주당파 중앙위원회의 정당 간 협상의 주요 내용에는 ▲중국공산당 전국대표대회 ▲중국공산당 중앙위원회의 관련 중요 문건 ▲헌법 개정에 관한 건의, 중요한 법률의 제정과 개정에 관한 건의 ▲국가 지도자 건의 인선 ▲국민경제와 사회발전의 중장기 규획 및 연도별 경제사회 발전상황 ▲개혁 발전 안정에 관련된 중대한 문제 ▲통일전선과 다당 협력에 관련된 중대한 문제 ▲기타 협상해야 할 중요한 문제 등 사안들이 있다. 정당 간 협상의 형식에 대하여 이 실시의견은 다음과 같이 지적했다.

(1) 회의협상.

특정 테마 협상 좌담회. 중국공산당 중앙위원회 주요 책임자의 주재 하에 개최하며 당과 국가의 중요한 방침 정책과 사회 전반에 걸친 중대한 문제에 대해 협상한다. 보통 매년 4~5번 개최한다. 인사 협상 좌담회. 중국공산당 중앙위원회 책임자의 주재로 열리며, 중요한 인사 배치의 준비 단계에 협상한다. 조사연구 협상 좌담회, 중국공산당 중앙위원회 책임자의 주재로 열리며, 주로는 민주당파 중앙위원회에서 중점으로 고찰하고 조사연구한 성과 및 건의에 대해 협상한다. 관계 부처를 요청해 참가하는 형식으로, 보통 매년 두 번 개최한다.

기타 협상 좌담회. 중국공산당 중앙위원회의 책임자가 중국공산당 중앙위원회 통일전선부에 위탁해 주재하여 개최한다. 중요한 상황에 대해 통보하고 의견과 건의를 청취한다.

(2) 예약상담(約談)협상.

중국공산당 중앙위원회 책임자 혹은 중국공산당 중앙위원회 통일전선부에 위탁하여 비정기적으로 민주당파 중앙위원회 책임자를 요청해, 공동의 관심사에 대해 작은 범위 내에서 마음을 터놓고 이야기하며 상황에 대해 소통하고 의견을 교환한다. 민주당파 중앙위원회의 책임자가 중국공산당 중앙위원회의 책임자를 요청하여 개별적으로 경제사회 발전 및 참정당 자체 건설 등 중대한 문제에 대해 상황을 반영하고 생각을 소통하는 담화를 한다.

(3) 서면협상.

중국공산당 중앙위원회는 중요 문건, 중요 사항에 대해 서면으로 민주당파 중앙위원회의 의견과 건의를 구하며, 민주당파 중앙위원회도 서면 형식으로 피드백을 한다. 민주당파 중앙위원회는 조사연구 보고서, 건의 등 형식으로 직접 중국공산당 중앙위원회에 의견과 건의를 제출할 수 있다. 민주당파 중앙위원회 책임자는 또 개인의 명의로 중국공산당 중앙위원회와 국무원에 직접 상황을 반영하고 건의를 제출할 수 있다. 정당 간 협상의 절차에 대해 이 실시의견은 다음과 같이 지적했다.

(1) 회의협상 절차.

매년 초에 중국공산당 중앙위원회 판공청은 중국공산당 중앙위원회 통일전선부 등 부처와 함께 민주당파 중앙위원회의 의견을 폭넓게 수렴한 뒤, 전년 회의협상 계획을 검토해 의제, 시기, 참가 범위 등을 확정하고, 중국공산당 중앙위원회 정치국에 보고하여 심의해서 통과되면 다시 민주당파 중앙위원회에 통보한다. 중국공산당 중앙위원회 판공청은 중국공산당 중앙위원회 통일전선부와 함께 전년 협상계획에 따라 구체적인 사업방안을 수립하고 이를 조직, 실시한다. 회의 전, 보통 10일 전에 민주당파 중앙위원회에 알리고, 관련 부처는 5일 먼저 문건을 제공해 민주당파 중앙위원회의 책임자들이 집중적으로 읽어볼 수 있도록 한다. 또한 관련 부처의 책임자가 문건의 해석을 담당하며, 민주당파 중앙위원회는 공동으로 연구한 후 의견과 건의를 준비한다. 회의협상 과정에서는 중국공산당 중앙위원회 책임자가 책임지고 관련 상황을 설명하고, 민주당파 중앙위원회의 책임자가 의견과 건의를 발표한 후, 상호 교류하고 토론한다.

(2) 예약상담(約談)협상 절차.

중국공산당 중앙위원회 책임자가 제기한 예약상담은 관련 내용을 사전에 민주당파 중앙위원회의 책임자에게 알려야 하며, 필요에 따라서 중국공산당 중앙위원회 판공청이나 중국공산당 중앙위원회 통일전선부에서 책임지고 이행한다. 민주당파 중앙위원회 책임자가 제기한 예약상담은 중국공산당 중앙위원회 통일전선부에서 중국공산당 중앙위원회에 보고하고, 또한 중국공산당 중앙위원회 판공청의 이행을 돕는다.

(3) 서면협상 절차.

중국공산당 중앙위원회에서 제기한 서면협상은 중국공산당 중앙위원회 통일전선부에서 책임지고 이행한다. 민주당파 중앙위원회의 협상의견은 중국공산당 중앙위원회 통일전선부에서 중국공산당 중앙위원회에 보고한다. 민주당파 중앙위원회 혹은 그 책임자의 조사연구 보고, 건의 등 서면 의견은 직접 중국공산당 중앙위원회에 제출할 수 있다. 정당 간 협상의 보장장치에 대하여 이 실시의견은 다음과 같이 지적했다.

(1) 상황파악 체제.

관련 부처는 적시에 민주당파 중앙위원회에 관련 자료를 직접 제공해야 한다. 중국공산당 중앙위원회 통일전선부는 정기적으로 특정 테마 보고회와 상황 통보회를 조직하며, 관련 부처를 요청해 상황을 설명하도록 한다.

(2) 고찰과 조사연구 체제.

중국공산당 중앙위원회는 매년 민주당파 중앙위원회가 경제사회 발전의 중대한 문제에 대해 중점적인 고찰과 조사연구를 하도록 의뢰하며, 중국공산당 중앙위원회 통일전선부에서 조직하고 실시한다. 민주당파 중앙위원회가 자체 특점에 따라 상시적인 고찰과 조사연구를 벌이는 것을 지지한다. 지방 당위원회와 정부는 적극 지지하고 협조해야 한다.

(3) 업무 연계 체제.

중국공산당 중앙위원회 정치국 상무위원회, 위원들이 벌이는 국내 고찰과 조사연구 및 중요한 외사 내사 활동은 필요에 따라 통일적으로 민주당파 중앙위원회 책임자가 참가하도록 요청할 수 있다. 최고인민법원, 최고인민검찰원과 국무원 관련 부처는 민주당파 중앙위원회와의 연계를 강화해야 하며, 상황에 따라 민주당파가 관련 업무회의나 전문적인 조사연구와 감찰 감독에 참여해줄 것을 요청할 수 있다.

(4) 협상 피드백 체제.

취급해야 할 협상 의견은 중국공산당 중앙위원회 판공청에서 중국공산당 중앙위원회 통일전선부와 함께 관련 부서에 제출하며, 처리 상황은 보통 3개월 이내에 중국공산당 중앙위원회 판공청에 보고하고, 동시에 중국공산당 중앙위원회 통일전선부에 사본을 보내, 중국공산당 중앙위원회 통일전선부에서 민주당파 중앙위원회에 전달한다. 각 성(자치구·직할시), 시(지구 급 시·주·맹)의 당위원회는 실제와 결부하고, 상술한 규정을 참조해 정당 간의 협상에 대해 구체적인 배치를 할 수 있다. 중국공산당이 정당 간의 협상에 대한 지도력을 강화 보완하는 것에 대해서 이 실시의견은 다음과 같이 지적했다.

중국공산당의 영도는 중국 특색 사회주의의 가장 본질적인 특징이다. 각급 당위원회는 확실하게 영도를 강화하고, 정확한 방향을 장악하며, 민주를 충분히 발양하고, 광범위하게 지혜를 모으고 결속을 다짐으로써 정당 간의 협상이 규범화되고 질서 있으며, 실용적이고 역동적이 되도록 보장해야 한다.

(1) 정당 간의 협상을 고도로 중시해야 한다.

정당 간 협상의 중대한 의의를 깊이 인식하고, 당이 전반을 총괄하고 각 측을 조율하는 지도적 핵심의 역할을 충분히 발휘해야 하며, 정당 간의 협상을 당위원회의 중요한 의사일정에 포함시켜, 통일적으로 영도하고 통괄적으로 배치하며, 의사 결정의 절차에 확실히 포함시켜 협상의 성과가 확실히 실행되도록 제도적으로 보장해야 한다. 정당 간의 협상을 뉴스 홍보 계획에 포함시키고, 홍보 방식을 개선하며 올바른 여론 유도를 강화한다. 정당 간 협상의 진행 상황에 대해 감독 검사한다.

(2) 여유롭고 조화로운 분위기를 조성한다.

당위원회 특히 지도간부가 앞장서서 민주를 발양함으로써, 알고 있는 바에 대해 다 말하고(知无不言), 숨김없이 다 말하는(言无不盡) 협상 분위기를 조성해야 한다. 진지한 협상과 실무적인 협상을 견지하고, 민주당파가 진실을 말하고, 직언을 할 수 있도록 격려하고 지지해야 한다. 공통점을 찾고 다른 의견은 잠시 보류하며(求同存异), 상대방의 입장을 알아주고 포용하며, 협상 과정에서 상호 교류를 강화하고, 이견 표현을 허용하며, 각종 관점의 융합과 교감 속에서 최대한의 공감대를 형성할 것을 제창한다.

(3) 협상능력을 키운다.

당위원회 특히 지도 간부들은 정당 간의 협상의식을 강화하고 정당 간 협상의 방법에 익숙해져야 하며, 정당 간 협상의 경험을 종합하여 정당 간 협상의 실천을 추진해야 한다. 민주당파가 지도부와 인재풀을 강화하고 협상능력과 협상수준을 향상할 수 있도록 지지해야 한다. 민주당파가 당·정 관계부처, 인민단체, 대학교, 연구기관 등과 긴밀히 연계하고, 민주당파가 참정 의정 업무체제를 완비하며, 자신만의 특색을 갖추고, 참정 의정에 관련된 싱크탱크를 조성할 수 있도록 지지해 줘야 한다. 여기서 「정당 간의 협상을 강화하는 데에 관한 실시의견」을 그대로 인용한 것은, 많은 사람들이 중국공산당이 영도하는 다당 협력과 정치협상제도라는 이 신형 정당제도가 어떻게 정당 간의 협상을 하는가를 더 잘 이해할 수 있도록 돕기 위한 것이다.

이로부터 우리는 중국의 이 신형 정당제도를 왜 신형 정당제도라고 하는지, 이 신형 정당제도가 어찌하여 중국의 정치생활에서 중요한 역할을 하면서도 당파 간 이익 분쟁을 피하고 전 사회의 발전과 진보의 긍정적 에너지가 될 수 있었는지에 대해 좀 더 구체적으로 알 수 있게 된다.

제6장

중국의 신형 정당제도가
인류 정치문명에 대한 공헌

제6장
중국의 신형 정당제도가
인류 정치문명에 대한 공헌

　중국 정당제도의 유래와 특징, 운영체제를 살펴보면 이 정당제도가 확실히 세계 기타 정당제도와는 다른 정당제도의 혁신임을 알 수 있다. 이런 신형 정당제도는 중국 인민의 실천 속에서 온 것이지만, 엘리트들을 결집할 수 있고, 불필요한 '당쟁(党爭)'을 피할 수 있으며, 인민민주를 고양하고 광범위한 인민을 단결시킬 수 있는 등 장점이 있어, 중국에만 의미가 있는 것이 아니며, 그 뚜렷한 효능을 전 세계에 드러냄으로써 인류 정치문명의 발전에 크게 기여하고 있다.

중국의 신형 정당제도는 전 민족의 엘리트 인재를 흡수·집결·양성하는 정당제도이다.

　'정당'이라는 것이 생겨난 이래, 어떤 사람은 이 '정당'에 열광하고, 또 어떤 사람은 될수록 피하려고 한다. 오랜 세월이 흐른 지금, 많은 나라들에서는 정치에 열중하는 사람들을 제외하고, 대부분 사람들은 정당 간의 투쟁에 휘말려 들기를 꺼린다. 그러나 중국에서는 당파 간의 경쟁이 아닌, 중국공산당이 영도하는 다당 협력과 정치협상제도를 실시함으로써 사람들이 정당에 대한 인식과 감정도 다르다. 특히 국가와 인민을 위해 헌신하겠다는 의지가 있는 우수한 인재들은 정당에 더욱 가까워지려 하고 정당 활동에 참여할 수 있기를 바란다. 사실상 인재를 중시하고, 인재를 흡수·결집·양성하는 것은 이 정당제도의 큰 특징이다. 중국의 신형 정당제도는 이미 중국공산당과 각 민주당파를 전 민족의 엘리트 인재들을 흡수·결집·양성하는 정치대학으로 만들었다.

이런 특징은 어떻게 형성된 것일까?

중국공산당이 영도하는 다당 협력과 정치협상제도라는 이 신형 정당제도는 반제국주의·반봉건주의의 거센 파도와 투쟁 속에서 형성된 것이다. 투쟁은 분화를 의미하고, 도태됨을 의미하며, 신진대사를 의미한다. 선진적인 것과, 중간의 것, 낙후된 것이 분화되고, 반동적이고 부패한 정치세력이 도태된다. 그리고 신진대사 끝에 모인 것은 반제국주의·반봉건주의·반 관료자본주의의 인민대혁명의 승리자들이다. 그러므로 중국공산당이 영도하는 다당 협력과 정치협상제도로 결집된 것은 민족 부흥의 엘리트들이다.

사실상 중국공산당이 영도하는 다당 협력과 정치협상제도를 형성한, 중국공산당의 '5·1구호'는 인재 집결의 구호이다. 이렇게 집결된 것은 장제스 국민당의 독재에 반기를 든 민주전사들이었고, 중화민족의 위대한 부흥에 힘쓴 애국지사들이었으며, 전국 각 민족의 엘리트들이었고, 구 중국을 무너뜨리고 새 중국을 건국한 공로자들이었다. '5·1구호'에 호응해, 정치협상회의에 참석하려고 해방구에 온 민주당파와 무소속 인사들의 명단을 보면 이 점을 잘 알 수 있다. 이들 중에는 쑨중산 선생과 함께 분투해 온 옛 동맹회 회원이 있었는가 하면, '5·4운동'에 참여했던 지식계 명사들이 있었으며, 북벌전쟁에 참가해 북양군벌정부를 무너뜨린 국민당 원로가 있는가 하면, 항일전쟁에서 역사적인 공헌을 한 애국지사도 있었다. 장제스의 국민당 독재통치를 반대해 온 민주주의 투사들이 있었는가 하면, 그 어떤 당파의 활동에도 참가하지 않고 교육, 과학기술, 문화, 신문출판 등 영역에서 국가의 강성을 위해 노력한 지식인들이 있었으며, 또 애국적인 공상업 기업가와 애국 화교 영수가 있었다. 무엇보다도, 이 정당제도 중 중국공산당은 각 당의 선두 주자였고, 중국 노동자계급의 선봉대였으며, 중국인민과 중화민족의 선봉대였다. 이 당은 마르크스주의라는 전 인류를 해방시키는 과학적인 이론으로 무장한 정당이며, 또한 중화민족이 수천 년 동안 형성되어 온 훌륭한 윤리도덕과 전통의 영향을 받은 정당이다. 그러므로 이 당은 인민대중 특히 지식인들 속에서 아주 강력한 호소력과 감화력을 가지고 있으며, 중국인민과 중화민족의 엘리트 인재들에게 강한 흡인력을 가지고 있다. 당의 성격 외에도, 중국공산당원의 인격적 역량도 많은 인민대중과 엘리트들에게 흡인력이 있다. 중국공산당원들은 민족과 인민에 대한 헌신정신, 몸소 체험하고 힘써 실천하는 모범적인 행동과 숭고한 도덕적 이미지로 백년의 시련을 겪은 중국인민, 특히 중국 지식인들을 감동시켰다. 사람들은 마르크스주의 진리를 전파하기 위해, 교수형을 앞두고도 불굴의 기상을 보였던 리따자오(李大釗)를 영원히 잊지 않을 것이다. 사람들은 마오쩌둥 일가가 중국혁명을 위해 동생으로부터 아내, 아들에 이르기까지 여섯 식구가 희생되었지만, 국가와 인민에게 단 한 푼의 보답도 요구하지 않은 고상한 정조를 두고두고 칭송한다. 이 위인은 과학적인 신앙과 지선(至善)의 도덕, 정의의 열정으로 중국공산당을 창건하고, 한 세대 또 한 세대의 훌륭한 중국공산당원들을 육성해 냈다. 샤밍한(夏明翰)의 "오직 주의가 진리라면 목은 베어도 괜찮다(砍頭不要緊, 只要主義眞)"로부터 팡즈민(方志敏的)의 "사랑스러운 중국"에 이르기까지, 그들은 반동파가 곧 목숨을 빼앗아 갈 시각에 남긴 유언까지 모두 조국과 인민에 대한 두터운 사랑의 감정으로 충만 되었으며, 개인적인 실망의 절필은 없었다. 인민해방군이 상하이라는 이 국제적인 대도시에 진입한 후, 민폐를 끼치지 않기 위해 길거리에서 밤잠을 자는 광경을 보고 일반 시민들이 감동한 것은 물론, 자본가들조차 공산당원들의 정신적 풍모에 엄지손가락을 치켜들었다. 중국공산당원들이 인민의 마음을 끈 것은 그들의 돈과 재부가 아니라, 정신적인 경지와 도덕적인 이미지였다.

공산당 선배들의 모범행위와 빛나는 이미지는 후세에 귀감이 되었으며 사회 전반에 큰 영향을 미치었다. 중국공산당은 사람들에게 정치조직일 뿐만 아니라, 사상의 용광로이자 도덕의 화신, 엘리트들의 집단으로 인식되었다. 중국에서는 국가와 인민에게 유익한 사람이 되려면 공산당에 가입해야 한다는 인식이 보편화되었다. 공산당도 조직에 가입하려는 사람들에게 엄격한 조건을 요구하고 있으며, 규범화된 절차를 밟아야 한다. 또한 사상적 입당을 당원에 대한 근본적인 요구로 삼고 있다. 그러므로 기업이나 시골은 물론 대학이나 과학연구기관에서도 우수한 인재들은 중국공산당에 가입하는 것을 성장과정의 한 분투목표로 삼는다. 중국에 투자한 많은 외자기업 경영자들은 기업 내 업무와 기술 골간들, 근무태도가 진지한 직원들 대부분이 공산당원이라는 사실에 놀라곤 한다. 이는 세계적으로 드문 일이지만 중국에서는 일상적인 현상이다.

마찬가지로 중국에서 각 민주당파도 자신만이 갖고 있는 영광의 역사가 있으며, 각 방면의 우수한 인재들을 끌어들이고 있다. 중국의 각 민주당파는 모두 반제국주의·반봉건주의 투쟁 속에서 세워졌으며, 창설자들은 대부분 나라를 구하고, 백성을 구하는 위국위민(爲國爲民)의 이상을 가진 뜻있는 사람들이지 일반적인 정객이 아니었다. 오늘날 각 민주당파는 이미 일부분의 사회주의 노동자, 사회주의 사업의 건설자와 사회주의를 옹호하는 애국자들을 연계하는 정치적 연맹이 되어, 광범위한 대중적 기반을 갖고 있다. 중국공산당은 모든 민주당파가 그들이 연계하고 있는 대중 속에서 자신의 당원을 발전시키는 것을 지지한다. 각 민주당파도 중국공산당의 영도 하에 사회주의 현대화와 중화민족의 위대한 부흥을 위해 공헌을 할 수 있도록 조직 가입자들에게 분명한 요구를 하고 있다. 중국에서는 다양한 분야의 인재들이 모두 자기가 좋아하는 정당에서 지기와 친구를 찾을 수 있으며, 자신의 능력과 지혜를 발휘할 수 있다. 이와 함께, 중국공산당과 각 민주당파는 당 학교, 학원, 세미나 등 다양한 형태로 다양한 분야의 엘리트들이 성장할 수 있도록 다양한 여건과 도움을 제공하고 있다. 중국공산당이 전 민족의 엘리트 인재를 폭넓게 흡수 집결 양성할 수 있는 정당제도를 만든 것 자체가 인류의 정치문명에 있어서 드문 공헌이라 할 수 있다.

중국의 신형 정당제도는 정당이 존재한 이래 오랫동안 존재해 온 '당쟁'의 폐해를 극복했다.

신 중국은 100년간의 불안과 전란 끝에 세워진 데다, 중국인들은 전통적으로 '국태민안(國泰民安)'의 정치 구도를 추구해 왔고, 인민의 사활(死活)을 고려하지 않는 정객들 사이의 상호 투쟁을 싫어해 왔다. 신해혁명 이후, 다당제와 양당제 하에서 정치인들의 싸움으로 초래된 정치적 재난의 역사에 대해 중국인들은 잊지 않고 있다. 따라서 중국공산당은 오랜 기간의 실천 속에서 형성된 정당관계를 "중국공산당이 영도하는 다당 협력과 정치협상제도"라는 이 '신형의 정당제도'로 규범화할 때, 어떻게 하면 서방 정당들 간에 상호 공격하고 매도하는 '당쟁'을 피할 것인가에 대해 심각하게 고려했다.

우리는 영국에서 '명예혁명' 전후에 정당이 등장하면서부터 줄곧 '당쟁'이 늘 따라 왔다는 점에 주목한다. 위에서 서술했다시피 '휘그당'과 '토리당'이라는 당명은 말 그대로 두 정파가 의회에서 서로 상대방을 욕하면서 생겨난 이름이다. 중국의 유가 전통이 "군자불당(君子不黨, 군자는 패거리를 짓지 않는다)"을 강조하는 것은 작당하여 사리사욕을 꾀하는 것을 '소인배'의 행동으로 보기 때문이다. 송(宋)대에 와서는 구양수(歐陽修)가 군자도 당을 만들 수 있다고 했지만, 당을 만들어서 사사로운 이익을 추구하는 것을 인정하는 것이 아니라, 도의(道義)와 충신(忠信), 명절(名節)을 지키는 것으로 자신의 수양을 높이는 군자의 당을 만들 수 있다고 한 것이다. 중화민족의 훌륭한 전통문화의 계승자인 중국공산당원들이 정당과 정당제도 문제에 있어서 추구하는 것은 군자의 당보다 더 높은 경지에 있는 인민대중의 이익을 도모하는 당이다.

　개혁개방 이래 중국은 국문을 열었다. 이런 배경에서, 애초 덩샤오핑이 예상했던 대로 서구의 다당제·양당제 등 정당제도를 미화하는 저서와 사상이 대거 유입되었다. 이러한 제도가 정당 간의 견제를 통해 독재를 피하고, 각 정당의 경쟁적 선거를 통해 민주화를 이루며, 정당 교체를 통해 부정부패를 막을 수 있다고 믿는 사람들이 많았다. 이런 관점은 이론적으로와 논리적 유도로 성립될 수 있고, 실천 속에서도 확실히 정당 간의 감독 등 많은 장점이 있지만, 결코 그들이 말하는 것처럼 완벽하지는 않다. 끊임없는 당쟁이 사람들에게 가져다 준 것은 복음이 아니라 재앙이었다. 제2차 세계대전 전 히틀러는 정당의 경선을 통해 집권했고, 다당제와 양당제 국가에서도 독재와 부정부패를 근절하지 못했다. 사실 각국이 정치를 실천하면서 나타난 발전으로부터 보면, 정당제도가 고착되면 모두 그 반대방향으로 나갔다. 현재 세계적으로 다당제나 양당제를 도입한 나라에서는 당파 간 다툼이 날로 치열해져, 이런 제도의 내적 폐해가 남김없이 드러나고 있다. 특히 2020년 전 세계적으로 발생한 신종 코로나바이러스 감염증은 사람과 사람, 정당과 정당, 국가와 국가 간의 싸움이 아닌 인간과 바이러스의 싸움이다. 이런 상황에서 모두가 똘똘 뭉쳐 바이러스에 맞서 싸워야 함에도 불구하고 어떤 나라에서는 투쟁의 큰 방향을 틀어 감염병에 대한 부실 통제로 인한 인구의 대량 사망이라는 결과를 다른 나라, 심지어 세계보건기구(WHO)의 잘못으로까지 떠넘기고 있다. 이들 나라에서 감염병에 대한 통제가 부실한 것은 국내에서 대선 시즌을 맞은 것과 관련이 있다. 그들은 표심을 잡고, 상대를 끌어내리기 위해, 당파적 이익만 고려하고 대중의 사활은 외면한 채 신종 코로나바이러스 감염증 대유행에 대해 소극적으로 대하면서 강력과 대응책을 내놓지 않은 것과 무관치 않다. 끊임없는 당쟁과 당파적 제약은 그들이 국내에서 감염병 통제에 대한 최적의 시기를 놓치게 만들었다. 대선의 해에 벌어진 이번 사태는 다당제와 양당제의 폐해를 여실히 드러냈다.

중국은 일찌기 다당제와 양당제의 교훈이 있고, 일당제의 폐해도 잘 알고 있었으므로, 중국공산당은 국가 특성에 맞는 정당제도를 건립하려고 할 때, 가장 많이 생각한 것이 바로 어떻게 하면 인민민주에 유리하면서도 또 당쟁으로 인한 사회 분열과 불안을 피할 수 있을까 하는 것이었다. 마오쩌둥은 중국공산당과 민주당파가 "장기 공존, 상호 감독"해야 한다는 방침을 제시할 때, 사회주의 사회에는 여러 당이 있는 것이 단 하나의 당이 있는 것보다 낫다고 생각했다. 이렇게 하면 민주를 고양케 하고, 다양한 의견을 수렴할 수 있기 때문이다. 또한 우리의 방침은 전국 각 민족의 인민을 단결시키는 데 유리해야지 분열시켜서는 안 된다는 점도 고려했다. 개혁개방 후 덩샤오핑의 지시에 따라 중국공산당 중앙위원회는 중국의 정당제도는 중국 공산당이 영도하는 다당 협력과 정치협상제도라는 점을 내세우면서, 이 정당제도는 서구 자본주의 국가의 다당제나 양당제와는 근본적으로 다르며, 또한 일부 사회주의 국가에서 실행하는 일당제와도 다르다는 점을 분명히 했다. 장쩌민(江澤民)은 1997년 12월 23일 각 민주당파 중앙위원회, 중화전국공상업연합회 신구 지도자들과의 간담회에서 "중국공산당이 영도하는 다당 협력과 정치협상제도는 중국 특색 사회주의 정치의 중요한 구성부분이자 우리나라 정치제도의 큰 강점이다. 이러한 제도는 우리나라의 국정에 부합되며, 국가 정세의 안정을 유지하고 국민의 단결을 증진하며, 경제와 사회의 발전을 촉진시키는 데 유리하다. 이런 정당제도는 서구 자본주의 국가의 양당제나 다당제가 탄핵 소추를 주고받으며 알력을 심화하는 병폐를 근본적으로 극복하고, 폭넓은 민주, 역동적이고 효율적이며 유기적인 통합에 집중할 수 있게 한다."[108]고 했다.

그렇다면 중국공산당은 왜 이런 '당쟁(党爭)'의 폐해를 극복할 수 있는 정당제도를 만들 수 있었을까? 우리가 앞에서 지적한 것처럼, 근본적으로는 중국공산당이 서구 정당과는 완전히 다른 신형 정당이기 때문이다. 서양 정치학 이론에서 정당(party)은 일부분 사람들(part)의 이익을 대변한다. 이것은 다당제, 양당제 및 그 정당 경선 제도가 이른바 '민주적 특성'을 갖는 기본 근거이다. 이는 사실 다당제와 양당제가 '당쟁(党爭)'의 폐해를 낳을 수 있는 기본 원인이다. 중

---

108. 『江澤民論有中國特色社會主義(특집 발췌본)』, 앞의 책, 310쪽.

국공산당은 이와 달리, 중국 노동자계급의 선봉대이면서 동시에 중국인민과 중화민족의 선봉대로서, 중국에서 가장 광범위한 인민대중의 근본 이익을 대표하는 것이지 일부분 사람들의 이익만 대표하는 것이 아니다. 이 점은 중국공산당의 당 규약에 명시되어 있다. 중국 특색의 사회주의가 새로운 시대에 진입한 후, 시진핑 총서기는 이 신형 정당제도에 대해 논술할 때 이 관점에 대해 깊이 있게 설명했다. 그는 중국공산당은 마르크스주의 이론의 지도하에 만들어진 정당으로, 자신만의 특별한 이익이 없으며, 노동자계급과 가장 광범위한 인민대중의 이익을 대표하는 새로운 유형의 정당으로서, 사회 각 계층의 각 방면의 구체적 이익을 모두 고려할 수 있기 때문에 일당의 감독이 부족하거나 혹은 여러 당이 번갈아 가며 집권함으로써 생기는 악성 경쟁의 폐해를 피할 수 있다고 강조했다. 뿐만 아니라, 중국공산당이 영도하는 다당 협력과 정치협상제도는 중국공산당과 각 민주당파를 포함한 중국의 정당이 모두 중국에서 가장 광범위한 인민의 이익에 따라 협력하고 협상하며 동시에 또 상호 감독할 수 있도록 설계되었으므로 당파 간의 이익 다툼으로 인한 사회 분열과 사회의 불안을 피할 수 있다고 했다. 중국이 계획경제 시절, 고도의 권력 집중으로 인해 사회 분열과 사회 불안이 없었다면, 개혁개방 이후, 특히 사회주의 시장경제체제를 구축하고, 경제의 세계화에 전면적으로 참여하며, 사회주의 민주정치의 건설을 대폭 추진한 뒤에도 급속한 경제성장과 함께 사회의 장기적인 안정을 유지할 수 있었다. 이러한 기적은 결국 중국식 사회주의 제도가 창조해 낸 것이다. 여기에는 중국공산당이 영도하는 다당 협력과 정치협상제도라는 이 신형 정당제도의 공헌도 포함돼 있는 것이다.

중국의 신형 정당제도는 10여 억 인민을 광범위하게 단결시키는 정당제도이다.

중국공산당이 영도하는 다당 협력과 정치협상제도라는 이 신형 정당제도는 중국공산당과 각 민주당파가 광범위하게 협력하고 편협한 당쟁을 피하게 할 뿐만 아니라, 10여 억 인민을 폭넓게 결집할 수 있는 정당제도이다. 중국은 인구가 매우 많은 나라로서, 만약 전 사회의 통합을 이끌어 갈 수 있는 정당제도가 없으면 큰 혼란에 빠질 수가 있다. 먼저 정당 간의 협력을 견지하는 신형 정당제도는 10여 억 인민을 단결케 하고 결집시킬 수 있는 중요한 초석이다. 중국공산당이 영도하는 다당 협력과 정치협상제도라는 이 신형 정당제도는 기타 정당제도와는 달리 정당 간의 협력이라는 뚜렷한 특징이 있다. 정당은 사회의 정당으로서, 모두 자신의 정견이 사회적 공감과 지지를 얻을 수 있기를 바라며, 모두 사회와의 소통을 중요한 임무로 여긴다. 이 과정에서 정당은 사회적으로 긍정적인 영향을 미치지만 소극적인 영향도 있다. 사실 세계적으로 정당은 모두 나름대로 사회적 토대가 있고, 사회 각 계층과 밀접한 연계 혹은 일반적인 연계가 있을 수 있다. 그런데 서구 정당은 정당 간의 협력이 아닌, 정당 간의 경쟁 제도를 채택하고 있다. 정당의 이러한 사회적 특성과 경쟁적 특성이 결합되면 정당 간의 갈등과 충돌을 피할 수 없게 되며, 따라서 당파 간의 갈등과 충돌을 사회로 끌어가 사회적인 갈등과 충돌을 야기할 수 있다. 이러한 특징 때문에 서구의 많은 나라에서는 정당 간의 갈등으로 인한 사회 군체 간의 대립이 생기며, 나아가 사회 불안과 분열로 이어진다. 다당제와 양당제 국가에서 이런 경우는 흔히 볼 수 있다. 일당제 국가에서는 경쟁적인 정당이 없지만, 정당 내부에 갈등이 없는 것이 아니며, 사회 내부에도 갈등이 없는 것은 더구나 아니다. 만약 민주적 채널이 원활하지 못하면 당내 갈등과 사회의 모순이 당장 드러나지는 않겠지만, 이러한 갈등들이 쌓일수록 더 많아지며 일정한 조건에서 갈등이 폭발할 수도 있으며, 이 때문에 사회 불안을 야기할 수도 있다. 그러므로 많은 나라들에서는 소통과 담판, 타협을 통해 정당 간 서로 다른 정견으로 인한 갈등을 해소하고, 당내 갈등을 해소하며, 사회 갈등을 피하려고 애쓴다. 중국의 정당제도는 정당 간의 경쟁이 아닌 정당 간의 협력으로, 일당제의 민주성 부족을 피할 수 있고, 또 다당제와 양당제의 정당 경쟁으로 인한 갈등이 정당 간의 경쟁에서 사회 구성원들 간의 충돌로 확대되는 것을 극복할 수 있다. 즉 정당의 사회성과 경쟁성이 부족해 정당 간의 모순이 사회로 확산되는 것을 피할 수 있다. 정당의 사회성과 협력성이 상호 결합되면 정당 간 화합으로 전 사회의 단합을 추진할 수 있다. 마오쩌둥이 과거 중국공산당과 민주당파가 장기 공존하고 상호 감독하는 '10대 관계'를 제시한 것이 바로 "당 내외, 국내·국외의 모든 긍정적인 요소와 직·간접적인 긍정 요소들을 모두 동원해 우리나라를 강대한 사회주의 국가로 건설하기 위해 노력하자"[109]는 것이다. 정당간 협력이 바로

---

109. 『毛澤東文集』 7권, 앞의 책, 44쪽.

모든 긍정적인 요소를 총동원하여 전 사회적인 단합을 실현하는 중요한 초석이다. 다음으로 정당 간의 협상이라는 신형 정당제도를 견지하는 것은 전 사회의 폭넓은 공감대를 형성하는 사상을 정치적으로 선도하는 것이다. 중국공산당이 영도하는 다당 협력과 정치협상 제도라는 이 신형 정당제도가 기타 정당제도와 다른 뚜렷한 특징이 바로 정당 간의 협상을 견지하는 것이다. 정당 간에 서로 다른 인식과 주장이 있을 수 있다. 이렇게 서로 다른 인식과 주장이 민주정치의 근간이 된다. 중국에서는 이렇게 서로 다른 인식이나 주장에 대해 협상민주를 실행한다. 협상민주는 중국공산당의 중요한 영도 방식으로, 중국 사회주의 민주정치의 특유한 형식이자 독특한 강점이다. 중국공산당은 협상민주를 통해 과학적이고 민주적인 의사결정을 하며, 각 민주당파는 협상민주를 통해 참정당 역할을 하며, 중국공산당의 과학적인 의사결정에 기여하고 있다. 부연할 것은 우리가 추진하는 정당협상은 협상만 있고 감독이 없는 것이 아니라는 점이다. 정당협상은 정당간의 비판과 자기비판을 포함하고 민주감독을 포함한다. 그러나 이런 비판과 감독은 정당경쟁과는 달리 공동의 정치기반에서의 비판과 감독이며, 결속을 위한 비판과 감독이다. 이런 정당협상과 그에 따른 공감대의 형성은 사회 전반에 있어서 일종의 사상 정치적인 중요한 가이드라인이다. 시진핑 총서기는 2019년 9월 20일 중국공산당 중앙위원회의 정치협상회의업무회의 및 중국인민정치협상회의 창립 70주년 경축대회의 중요한 연설에서 마오쩌동의 "정치란 우리를 옹호하는 사람을 많이 만들고, 반대하는 사람을 적게 만드는 것"이란 말을 인용한 뒤, "우리 당이 혁명, 건설, 개혁을 이끌어 성공한 것이 바로 이것이다"고 지적했다. 그러면서 "사상 정치적 가이드를 강화하고, 폭넓은 공감대를 모아야 한다."며 "새로운 시대적 여건에서 우리가 계속 전진하려면 반드시 전국 각 민족 인민의 대단결을 증진시키고, 동원할 수 있는 모든 긍정적 요소를 동원해야 한다."고 지적했다. "모두를 단결시키려면 사상적으로 인도하고 공감대를 모으는 것이 필수이다."[110] 정당협상은 중국공산당이 영도하는 다당 협력과 정치협상 제도라는 이 신형 정당제도의 운영 체제로서 최대한의 정당 간 공감대를 형성할 수 있는 것이다. 이런 정당 공감대는 정당이 가진 사회적 특성 때문에, 사상 정치적으로 전 사회의 광범위한 인민대중을 하나로 묶는 강력한 힘을 이끌어 낼 수 있다.

　그 다음으로 단결　민주라는 신형 정당제도를 견지하는 것은 전 사회적인 단결과 민주에 매우 큰 시범효과를 낼 수 있다. 본보기의 힘은 무한한 것이다. 정당이든 정치인이든, 혹은 정당제도이든 모두 사회적으로 사람들의 귀감이 될 수 있다. 이런 롤모델이 좋은 모델인지, 나쁜 모델인지는 사회 전반에 헤아릴 수 없는 영향을 미친다. 사람들은 텔레비전이나 동영상에서 정당의 대표가 의회에서 무지막지한 욕설을 퍼붓거나 혹은 한데 엉켜 주먹질하는 모습을 보면, 세상의 풍조가 날로 나빠진다고 생각하며, 이런 정객들에 대해 코웃음 치게 된다. 그러나 텔레비전이나 동영상에서 정당 대표들이 정의를 위해 공정한 말을 하고, 국가를 위해 조언하는 모습을 보면 사회의 진보에

110.　『人民日報』, 2019년 9월 21일자.

기뻐하며 박수를 보낸다. 이런 공인들의 활약과 그 영향은 그들 개인의 영향이 아니라, 그들이 몸담고 있는 정당이나 그들이 대표하는 정치세력의 영향이다. 이들에게서 이처럼 다양한 정치적 표현이 나타나는 것은 정당제도와 무관하지 않다는 점을 간과할 수 없다. 의회에서 무지막지한 욕설 심지어 주먹질까지 하는 것은 보통 경쟁적 정당제도와 관련되며, 이는 '경쟁적'의 가장 거친 표현인 것이다. 중국의 신형 정당제도는 이와 달리, '단결'과 '민주'를 강조하고 있다. 장쩌민(江澤民)은 1991년 3월 23일 제7기 전국인민대표대회 제4차 전체회의와 인민정치협상회의 제7기 전국위원회 제4차 회의의 당원 책임자회의에서 "인민정치협상회의 업무 범위는 매우 넓지만 주제는 두 가지이다. 그것은 즉 단결과 민주이다. 이 두 가지 일을 잘하면 정치협상회의 업무는 성과를 거둔 것이다"라고 했다. 그는 또 "인민정치협상회의는 각 방면의 대표 인사들로 구성돼 있다. 정치협상회의 위원들은 모두 일정한 영향력이 있으며, 각기 다른 당파, 단체, 민족, 계층을 대표하며, 각기 다른 경력, 사회 배경, 심지어 각기 다른 신앙이 있다. 정치협상회의에 사상적 차이와 다른 목소리가 있는 것은 정상이다. 특히 우리나라의 개혁개방이 심화되면서 경제구조에 변동이 생기고, 이익관계의 조정으로 인해 얽히고설킨 사회 갈등이 통일전선에 반영될 수밖에 없다. 이 때문에 우리는 통일전선 내부의 상호 소통과 사상 교류를 강화하고, 중국공산당의 영도 하에 단결되고 민주적이며, 화합적인 협력관계를 형성해야 한다."[111]고 말했다. 2004년 3월 12일 인민

---

111. 『人民政協重要文獻選編』 중, 앞의 책, 508쪽.

정치협상회의 제10기 전국위원회 제2차 회의에서 심의 의결된 「중국
인민정치협상회의 정관 개정안에 관한 결의」는 처음으로 "단결과 민
주는 중국인민정치협상회의 양대 주제"[112]라고 정관에 써넣었다. 여기
에서 말한 것은 인민정치협상회의 업무 주제이지만, 이미 알려진 대
로 인민정치협상회의는 중국공산당이 영도하는 다당 협력과 정치협
상제도라는 이 신형 정당제도의 정치 형식이자 조직 형식이며, '단결'
과 '민주'도 중국 신형 정당제도의 특징이다. 이 정당제도는 단결, 민
주의 이미지로 중국 정치의 진보를 보여주는 동시에 사회 전반에 모
범을 보여 전 사회 통합에 큰 시범적 역할을 하고 있다.

　위에서 서술한 것처럼, 중국의 현대화 사업은 전 사회의 통합이 필
요하며, 중국의 신형 정당제도는 이처럼 소수자가 아닌 10여 억 인민
대중을 결집시킬 수 있는 정당제도인 것이다.

중국의 신형 정당제도는 민주정치의 새로운 형식으로서 준엄한 시련을 견디어냈다.

　오늘날 세계에서 민주는 항상 사람들이 가장 많이 이야기하는 화
두이다. 그러나 역사는 종종 사람을 놀리기도 한다. 민주제도를 세계
에 널리 알린 나라들이 이제는 민주적 반성을 시작하고, 민주가 없
다고 여겨지던 나라들이 민주를 실천하는 과정에서 큰 발걸음을 내
디디고 있다. 중국은 전략적 신념이 있는 나라로서, 누가 뭐라고 하더
라도 줄곧 중국 자신의 실제에 맞는 민주제도를 꾸준히 탐색해 왔다.
중국의 신형 정당제도는 이러한 탐색과정에서 얻은 중요한 성과로서

112.　위의 책, 하, 716쪽.

민주정치의 새로운 형식을 만들어 냈다. 이는 인류의 정치문명에 대한 중국의 공헌이다. 몇 년 전 전 세계에는 만화경 같은 민주의 고성으로 가득 차 있었다. 소련의 붕괴, 동유럽의 격변, '색깔혁명'[113] '아랍의 봄' 비록 이러한 사변을 일으킨 원인은 제각각이고 결과도 다르지만, 이러한 나라들에서 인민이 그러한 사변으로 인해 모두 민주적 권리를 누릴 수 있게 된 것은 아니지만, 많은 언론의 보도와 학자들의 저술에서는 모두 '민주'의 월계관을 씌웠다. 이처럼 민주가 유행이 되었지만, 일부 나라에서 민주는 많은 사람들이 커다란 대가를 치러 소수 사람들만 누리는 사치품이 되었다.

이와 대조적으로 중국의 정당제도 건설을 포함한 민주정치 실천은 한 번 또 한 번의 중대한 시련을 거치면서 중국 정당제도의 강한 생명력과 거대한 우월성을 보여줬다. 중국인민정치협상회의 제1차 전체회의의 개최와 신 중국 건국을 중국공산당이 영도하는 다당 협력과 정치협상제도라는 이 신형 정당제도의 출발점으로 삼는다면, 이 제도는 토지혁명과 사회주의 개조(민주당파 인사들이 '토지개혁'과 '사회주의 관문'을 넘는)의 시련을 거쳤으며 1957년 반우파투쟁의 확대화로부터 '문화대혁명'에 이르기까지의 역대 정치운동(좌적 오류)의 시행착오를 거쳤다. '문화대혁명'이 끝난 후에는 혼란된 국면을 바로잡

---

113. 색깔혁명 : 2000년대 이후에 구소련 권을 포함한 전 세계에서 일어난 민주주의 개혁, 시위, 혁명을 의미하며, 가끔은 독립운동을 포함할 때도 있다.[1] 혁명에서 요구하는 구체적인 내용은 모두 다르지만, 전반적으로 모든 계층의 시민이 참여하며, 정부의 폭력 탄압이 있는 경우를 뺀다면 대체로 비폭력적으로 전개된다는 특징이 있다. 또한 혁명에 참여하는 사람들은 특정 색깔이나 시물 등을 혁명의 상징으로 삼는다.

고 정상을 회복하는(撥亂反正) 과정과 개혁개방('左'적 오류를 반대함과 동시에 자산계급 자유화 사조를 반대함)의 시련을 겪었다. 그 뒤 1980년대 말 1990년대 초 국내외에서의 정치 풍파(베이징 지역에서 동란이 발생한 후 시종일관 공산당과 '간담상조·영욕여공의 시련)를 겪었다. 사회주의 시장경제체제 수립 이후, 국내 이익집단의 분화와 민주정치 건설의 시련을 거쳤으며, 중국 특색 사회주의 새로운 시대에 들어서면서 개혁을 전면적으로 심화하는 것과 반부패 투쟁의 시련을 겪었다. 이러한 시련을 겪으면서 중국의 정당제도는 점점 더 완벽해졌다.

2020년 5월 9일자 『인민일보(人民日報)』는 '신화사(新華社)' 베이징발 5월8일 뉴스를 실었다. 이 뉴스에 따르면, 8일 중국공산당 중앙위원회는 종난하이(中南海)에서 당 외 인사 좌담회를 열었다. 시진핑 총서기 등 중국공산당 중앙위원회 지도자들이 코로나19 바이러스 감염증 예방 통제와 관련해 각 민주당파 중앙위원회와 중화전국공상업연합회, 무소속 인사 대표들의 의견과 건의를 들었다. 이 뉴스에 따르면, 이번 정당 간의 협상은 지난 수개월간 전국적인 방역의 성공적 실천과 문제점에 대해 토론하고 종합했으며, 각 민주당파 중앙위원회와 중화전국공상업연합회, 무소속 인사 대표들이 ▲상시적 방역과 생산생활 정상화를 위한 포치 ▲백신 연구개발과 허가 및 활용 ▲중대한 방역문제에 있어서의 과학기술적 지지, 돌발적 공중보건사태에 대한 교육과 관련 인재 양성 ▲산업복구 추진, 경제사회 발전의 활력 회복

▲금융시장 안정 수호 ▲'여섯 가지 안정'[114]에 관련된 사업을 깊이 있게 잘 하고, '여섯 가지 보장'[115] 임무를 실행하는 것 ▲빈곤 퇴치에서의 난관 돌파 임무를 완성하는 것 ▲중국의 방역 관련 사적 홍보 등에 대해 의견과 건의를 제출했다.

코로나19 바이러스 감염증 방역과 관련하여 서구의 많은 사람들이 중국의 제도와 국가 관리시스템을 겨냥해 발언했다. 러시아의 저명한 학자 타브로프스키가 3월 3일 러시아『공청단·프라우다(연해주 지역판)』에 발표한 "코로나19 바이러스와 정치 바이러스"라는 글에서는 이번 전염병 사태 폭발 이후, 서구에서 중국의 제도에 대해 먹칠한 바를 3단계로 나누어 그 과정을 회고했다. 제1단계에서는 중국 우한에서 근 천만 명 인구에 대해 '엄격한 격리'를 실시한 것을 비판했다. 제2단계에서는 중국에서 전국적으로 실시한 방역조치에 대해 "효율성이 낮다"고 비판했다. 제3단계에서는 감염병 발생과 만연은 "중국 정치체제의 실패"라고 망언했다. 중국의 제도와 관리체계는 이처럼 전 세계의 이목이 집중된 가운데, 심지어 전력을 다해 먹칠하는 가운데 혹독한 시험을 치렀다. 중국이 이번 시험에서 모든 문제를 다 완벽하게 풀었다고는 할 수 없지만, 서구 일각에서는 실망스러울 것이다. 신형 정당제도를 포함한 중국의 국가제도와 관리체계는 전반적인 방역 및 생산·생활 복구에서 그 독특한 우세와 우월성을 충분히

114. '여섯 가지 안정' 이란, 고용 안정, 금융 안정, 대외무역 안정, 외자 안정, 투자 안정, 전망 안정이다.
115. '여섯 가지 보장' 이란, 주민 일자리 보장, 기본 민생 보장, 시장 주체 보장, 식량 에너지 보장, 산업사슬 공급망 안정 보장, 기층 조직 운행 보장이다.

발휘하면서 좋은 성적을 냈기 때문이다. 이번 감염병 사태가 발생했을 때, 서구 일부 사람들은 중국 국내에서 병원체 '불명'으로 인한 각종 목소리를 중국 인민이 중국의 제도와 공산당에 대한 항의로 여기며 고소해했다. 중국의 제도와 관리체계의 '합법성' 문제가 다시 우리 앞에 등장했다. 시진핑은 '중국의 길', '중국의 제도'에 대한 국제사회 일각의 의혹 제기에 "신발이 잘 맞는지 안 맞는 지는 자신이 신어봐야 안다."[116]고 대답했다. 여기서 말하는 "'신발이 맞는가?'"는 철학적으로 말하면 중국의 실제에 적합하고, 중국의 사회발전 법칙에 부합되는 것이 바로 진리라는 뜻이다. 정치학적으로 말하면 사회의 광범위한 공감이 곧 합법성이라고 할 수 있다. 우리는 중국인들이 코로나19 바이러스 감염증과의 싸움에서 가장 많이 쓰인 두 사자성어가 바로 '만중일심(万衆一心)'과 '중지성성(衆志成城)'이라는 점에 주목한다. 중국 특색의 사회주의 제도가 합법성이 없다면, 14억 중국 국민이 이처럼 힘을 합칠 수 있을까? 사실 하나의 제도가 합법적인지, 아닌 지는 이 제도 아래 사는 인민들이 '만중일심(万衆一心)'과 '중지성성(衆志成城)', 특히 이 제도가 심각한 도전에 직면했을 때, '만중일심(万衆一心)'과 '중지성성(衆志成城)'을 이룰 수 있느냐에 달려 있다. 14억 중국 인민이 코로나19 바이러스 감염증과의 대응 과정에서 보여준 '만중일심(万衆一心)'과 '중지성성(衆志成城)'은 중국 제도의 합법성을 가장 간명하고도 생생하게 잘 보여준다.

중국 제도의 합법성은 중국 제도의 인민성에서 비롯되었다. 서방

---

116. 『習近平談治國理政』 1권, 앞의 책, 273쪽.

국가의 정당은 정파적 이익과 그 배후 자본의 이익을 우선 고려한다. 이는 코로나19 바이러스 감염증 대응에서 잘 드러났다. 중국공산당은 서방 국가의 정당과 달리 일부 사람들의 이익을 대표하는 것이 아니라, 가장 광범위한 인민대중의 이익을 대표한다. 당 규약에 이에 관련해 명시된 요구사항이 있을 뿐만 아니라, 실무과정에서도 누구든 당내 권력으로 사사로운 이익을 추구하는 것을 허용하지 않는다. 이번 코로나19 바이러스 감염증 사태 발생 초기부터 시진핑 총서기는 "각급 당위원회와 정부 및 관련 부서는 인민 대중의 생명안전과 건강을 최우선으로 하라"[117]고 주문했다. 중국공산당과 중국 정부가 코로나19 바이러스 감염증에 대응하는 과정에서 취한 모든 조치, 세계적인 주목을 받은 "도시 전체를 봉쇄하는 조치"를 포함한 모든 조치들이 다 이 요구를 반영한 것이다. 인민 중심을 견지하는 것이 중국의 당과 정부가 이번 전염병 대응에서의 근본 원칙이다. 이는 이번 전염병 대응에 있어서의 근본적인 특징을 반영하였을 뿐만 아니라, 중국의 제도와 국가 관리체계에 대한 본질적 요구도 반영하였다.

중국 제도의 유효성은 사람들에게 강한 인상을 준다. 중국은 세계에서 제일 처음으로 이번 전염병 대응의 시험장에 진입한 국가이다. 중국은 엄격한 통제와 격리 조치, 과학적이고 정교로운 치료 방안으로 가장 먼저 전염병 방제에 성공했다. 당시 우한에 대해 과단한 '봉쇄' 조치를 실시하지 않고, 도농 지역사회에 통제와 격리 조치를 실시하지 않았더라면 감염자와 사망자가 배로 늘어날 수 있으며, 심지어

---

117. 『求是』, 2020년 4기 4쪽.

구미 국가들의 지수대로 늘어날 수도 있었다고 전문가들은 말한다. 이는 코로나 19 바이러스 감염증에 대한 중국의 의사 결정과 조치가 옳았다는 것을 충분히 입증할 뿐만 아니라, 중국의 제도와 관리체계가 유효하다는 점을 부각시킨다. 중국의 제도와 관리체계 각 측면의 장점이 '합력하여' 거대한 관리효과를 가져와 중국이 이번 감염병을 하루 빨리 종료시키는 데에 대체할 수 없는 중요한 역할을 하였으며, 또한 세계적 범위에서 이번 감염병에 대응하는데 귀중한 시간을 벌어주었다. 코로나19 바이러스 감염증에 대응하는 전 과정에서 중국공산당의 영도와 의사결정 제도, 사회 동원제도, 사회 관리제도 등이 조화를 이루며 강력한 호소력, 동원력과 조직력 및 조정력을 나타냈으며, 전 국민이 일심단결 하여 전염병 방제에 나서는 거국적 체제가 이루어졌다. 그중에서 중국공산당이 영도하는 다당 협력과 정치협상제도라는 이 신형 정당제도도 크게 기여했다. 중국공산당 중앙위원회는 전 국면을 통제하고 침착하게 대응했으며, 과단성 있게 일련의 통제와 응급치료 조치를 단행했다. 각 민주당파, 중화전국공상업연합회, 무소속 인사들은 중국공산당과 같이 생각하고, 같은 입장에 서서, 함께해 왔으며 확고부동하게 일심협력해 왔다. 각 민주당파 중앙위원회와 중화전국공상업연합회는 중국공산당 중앙위원회의 의사결정에 대한 배치를 결연히 실행하고, 가장 빠른 시간 내에 영도소조를 구성해 통지문을 발송하고, 광범위한 구성원들에게 사상과 행동을 중국공산당 중앙위원회의 배치에 통일할 것을 호소하였다. 또한 인재의 우월함, 지적인 우월함 및 광범위한 사람들을 연계하고 있는 위력을 발휘하여 6만여 명의 민주당파 의료진을 조직해 전염병 대응 제1선에 투입하였다. 전염병 확산 방지, 기업의 생산 복귀, 국외 감염병 수입 방지 등 중대한 문제들에 대해 조사연구하고 관련 정책에 대해 건의하였으며 각급 당위원회와 정부에 협조하여 사상 공작을 잘하고 선전교육과 여론의 유도를 강화하였다. 이와 함께 광범위한 구성원들이 기부금을 내도록 호소하여 전염병 방제에 기여했다.[118]

이번 감염병 사태는 신 중국의 건국 이래, 개혁개방 이래 역대의 시련들과 마찬가지로, 중국공산당이 영도하는 다당 협력과 정치협상제도라는 이 신형 정당제도가 강력한 생명력과 거대한 우월성이 있음을 증명하였고, 중국 특색의 사회주의 제도와 국가 관리체계가 강력한 생명력과 거대한 우월성이 있음을 증명하였다.

상술한 바와 같이, 중국이 세계에 대한 기여는 경제와 문화에서 체현되었을 뿐만 아니라, 정치적으로도 체현되고 있다. 중국의 독창적이며, 이같이 많은 우월성을 가진 정당제도가 인류의 정치문명에 대한 기여가 아닐까?

118. 『人民日報』, 2020년 5월 9일자.